Deutschbuch

Sprachtrainer 7

Texte lesen und verstehen
Erzählen
Beschreiben
Berichten
Wortschatz erweitern
Grammatik und Rechtschreibung trainieren

Herausgegeben von
Cordula Grunow und
Andrea Wagener

Erarbeitet von
Lale Altinay, Birsen Çelebi, Ayla Çelik,
Mehmet Ilseven und Hatice Karan

Name: ______________________________

Klasse: ______________

Cornelsen

Tipps zum Üben mit dem Sprachtrainer

Im Sprachtrainer findest du einen **Bogen mit Aufklebern.**

Für jede richtig gelöste Aufgabe kannst du ein  ins Heft kleben.

Verwende das beiliegende **Lösungsheft,**
um deine Antwort zu jeder Übung selbst zu prüfen.
In den Lösungen findest du weitere Tipps und Hinweise,
z. B. zum Grammatikwissen oder zur Rechtschreibung.

Tipp:

Beachte die **Tipps** bei den Aufgaben. Sie helfen dir, die Aufgabe besser zu verstehen, und erklären, was du dafür wissen musst.

Worterklärungen

- **elastisch:** nicht fest, sondern dehnbar

Worterklärungen geben dir Verständnishilfen:
Schwierige oder vielleicht weniger bekannte Wörter werden erklärt.

Dieses Zeichen weist auf **Übungen mit Pfiff** hin:
Hier musst du etwas Besonderes tun oder besonders gut hinschauen oder kleine Rätselfragen beantworten.

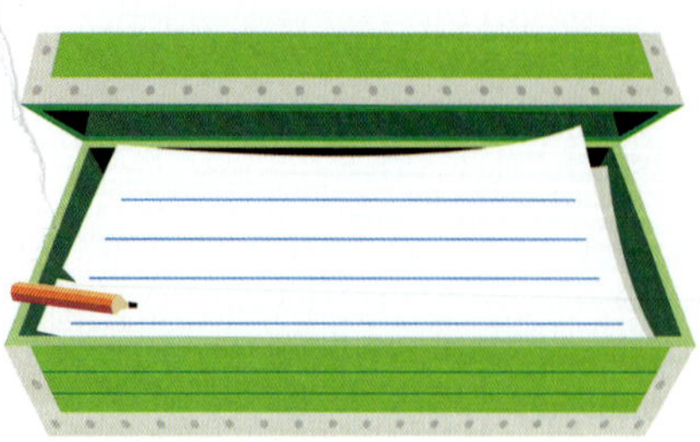

Am Ende eines jeden Kapitels findest du eine **Sprachkiste.**
Hier kannst du eintragen, was dir beim Üben im Kapitel besonders gut gefallen hat:

- neue Wörter oder Worterklärungen,
- Textbausteine oder nützliche Formulierungen,
- Informationen, die dich besonders interessieren.

Viel Spaß bei der Arbeit mit dem Sprachtrainer!

Inhaltsübersicht

Sachtexte lesen und verstehen

In diesem Kapitel übst du einige **Lesemethoden,**
die dir helfen, einen Sachtext zu verstehen:
- das Thema erkennen,
- Informationen aus Text und (Schau-)Bildern entnehmen,
- schwierige Wörter und Sätze verstehen,
- Informationen ordnen und darstellen.

Das übst du hier

Vorgestellt: Trendsportarten

1 Das Bild unten zeigt Mädchen und Jungen: Sie haben frei und treiben Sport.
Schreibe auf, was du kennst: Was tun sie? Womit machen sie es?

2 a Umkreise im Bild alle Gegenstände, die im Kasten „Worterklärungen" unten genannt sind.

b Überlege für jedes Verb bei den „Worterklärungen", ob du das schon einmal gemacht hast. Nenne Beispiele.

Worterklärungen

- **das Einrad, die Einräder:** ein Fahrrad mit nur einem Rad
- **das Band, die Bänder:** ein breites, flaches Band (ein Seil)
- **das Frisbee, die Frisbees:** (sprich: Frissbi) flache Scheibe zum Werfen, sieht aus wie ein kleiner Teller
- **die Frisbeescheibe, die Frisbeescheiben:** anderes Wort für „Frisbee"
- **der Haken, die Haken:** ein Gegenstand aus Metall mit gebogener Spitze zum Befestigen von z. B. einem Seil
- **der Karabinerhaken, die Karabinerhaken:** ein Haken mit einem Verschluss zum Einhängen von etwas
- **balancieren:** sich im Gleichgewicht halten, z. B. auf einem Bein stehen und nicht umfallen
- **klettern:** mit Hilfe von Händen und Füßen auf einen Baum steigen oder eine Wand hochsteigen
- **spannen:** etwas an den Enden so befestigen oder ziehen, dass es möglichst straff wird

So erkennst du das Thema des Sachtextes.

1 Schau dir die Bilder an und lies die Überschrift und den ersten Satz des Sachtextes. Was ist das Thema des Textes? Kreuze an.

In dem Text „Slacklining – Bewegungskunst in den Lüften" geht es um ...

A ☐ eine neue Maltechnik. B ☐ ein neues Sachbuch. C ☐ eine neue Sportart.

2 Lies den Sachtext zügig durch.
Tipp: Unterstreiche beim Lesen mit einem Bleistift, was du verstehst.

Slacklining – Bewegungskunst in den Lüften

☐ Parkbesucher treffen beim Spazierengehen oft auf Sportler, die auf Bändern balancieren. Diese sind zwischen zwei Bäumen gespannt und die Sportler zeigen darauf Sprünge und andere Kunststücke. Es handelt sich um so genannte „Slackliner". Der Begriff ist aus den englischen Wörtern „slack" (= durchhängen) und „line" (= das Band) zusammengesetzt. Das Band ist meist straff gespannt, damit es sich unter dem Gewicht des Slackliners nicht zu stark dehnt. Beim Slacklining werden ein guter Gleichgewichtssinn und Konzentration sowie Körperbeherrschung benötigt.

☐ Bei der Slackline handelt es sich um ein elastisches Gurtband, das meist zwischen 25 mm bis 35 mm breit ist. Je breiter das Band ist, je leichter fällt das Balancieren. Allerdings benötigt man, wie bei einer Hängematte, zwei Befestigungspunkte, damit die Line gespannt werden kann. Das können z. B. Felsen mit Karabinerhaken, Geländer oder große Bäume sein. Mit einer Ratsche kann man die Slackline am besten spannen.

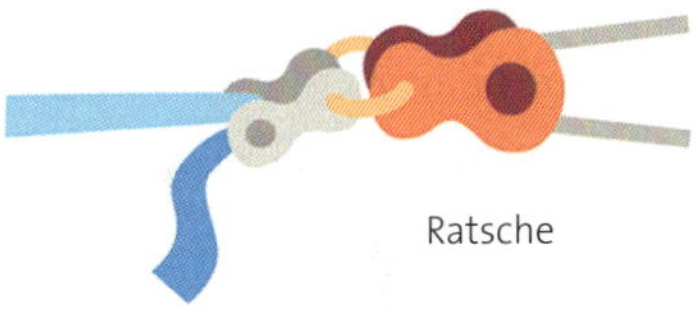

Ratsche

☐ Das Slacklining hatte seinen Ursprung im „Yosemite Nationalpark" in Californien (USA), als Klettersportler in den 1980er-Jahren auf den gespannten Seilen für ihre Klettertouren übten. Aus ihren Übungen wurde mit der Zeit eine Sportart. Um das Jahr 2000 kam diese auch nach Europa. Obwohl sie ursprünglich sehr schmale Kletterseile nahmen, verwenden Kletterer heute meist breite Gurtbänder, weil man auf ihnen besser die Balance halten kann. Inzwischen hat sich das Slacklining zu einer Trendsportart entwickelt.

☐ Es gibt verschiedene Disziplinen: Die häufigste Art des Slackens ist das Trick- oder Lowlining, weil man sich dabei kaum Gedanken über Aufbau und Absicherung der Line machen muss. Auf einer relativ niedrigen, schwach gespannten Line übt man Tricks ein. Als Untergrund wählt man am besten weichen Boden, wie Gras und Sand, oder legt Matten unter, damit man sich bei Stürzen nicht verletzt.

Worterklärungen

- **straff:** fest gespannt (Gegenteil: schlaff = locker, hängt etwas herunter)
- **elastisch:** nicht fest, sondern dehnbar; etwas, dass beim Ziehen nachgibt
- **die Koordinationsfähigkeit:** (die) Koordination bedeutet im Sport das Zusammenspiel der Muskeln bei bestimmten Bewegungsabläufen; (die) Fähigkeit ist das, was jemand gut kann
- **die Balance:** das Gleichgewicht

So findest du Informationen in einem Sachtext.

1 Der Sachtext „Slacklining – Bewegungskunst in den Lüften" auf Seite 5 hat vier Sinnabschnitte: Vier der Überschriften unten passen zu diesen Sinnabschnitten: Sie fassen den Inhalt zusammen. Trage neben jedem Sinnabschnitt die Nummer der passenden Überschrift ein.
Tipp: Zwei der Überschriften passen nicht zum Text.

1 Slackline-Materialien
2 Die Geschichte des Slacklinings
3 Arten des Slackens
4 Slacklining als Mannschaftssport
5 Slackline – Was ist das?
6 Slackline – Berühmte Sportler

2 Lies die Fragen A bis E und markiere im Text zu jeder Frage die passenden Informationen, die du findest.

	trifft zu	trifft nicht zu
Die Slackline spannt man schlaff.	☐	☐
Immer mehr Menschen lernen, auf der Line zu balancieren.	☐	☐
Je breiter das Band, umso leichter ist das Balancieren darauf.	☐	☐
Man benötigt für das Slacken nur einen Baum.	☐	☐
Das Slacklining haben Kletterer erfunden.	☐	☐
Slackline ist eine Sportart, die es in Europa seit vielen Jahrzehnten gibt.	☐	☐
Es gibt mehrere Disziplinen beim Slacklining.	☐	☐

3 Schreibe mit eigenen Worten auf, was du nun über die Trendsportart „Slacklining" weißt. Schreibe 10 bis 15 Sätze in dein Heft.

So verstehst du schwierige lange Sätze.

1 Manche Sätze sind schwer zu verstehen, weil sie sehr lang sind. So verstehst du sie:

Schritt 1: Unterstreiche die Verben.

Das Band ist meist straff gespannt, damit es sich unter dem Gewicht des Slackliners nicht zu stark dehnt.

Schritt 2: Prüfe, welche Information der Nebensatz gibt, indem du danach fragst.

Frage: Mit welcher Absicht spannt man das Band straff?

Information: Es soll sich unter dem Gewicht der Slackliners nicht zu stark dehnen.

a Untersuche den ersten Satz von Sinnabschnitt 3 auf dieselbe Weise.

b Kläre die folgenden Sätze auf diese Weise. Aber Achtung: Welcher Nebensatz beantwortet die Frage? Welche Information gibt der Satz noch? Schreibe in dein Heft.

A (Z. 9–11): Allerdings benötigt man, wie bei einer Hängematte, noch zwei Befestigungspunkte, damit die Line gespannt werden kann. (Frage: Wozu? Mit welcher Absicht?)

B (Z. 15–17): Obwohl sie ursprünglich sehr schmale Kletterseile nahmen, verwenden Kletterer heute meist breite Gurtbänder, weil man auf ihnen besser die Balance halten kann. (Frage: Warum? Aus welchem Grund?)

Wende Gelerntes an: Setze die Lesemethoden ein.

1 a Kläre das Thema des Textes: Schreibe ins Heft, worum es geht.

b Lies den Text zügig und unterstreiche beim Lesen mit einem Bleistift, was du verstehst.
Tipp: Worterklärungen findest du auf der nächsten Seite. Versuche, den Text erst einmal ohne sie zu verstehen.

Parkour – Die Kunst der Fortbewegung

Randspalte

Eine Gruppe von französischen jungen Männern, die sich „Yamakasi“ nannten, machte Parkour weltweit bekannt. Sie waren dafür berühmt, dass sie alle Hindernisse spielerisch meisterten. Die Yamakasi spielten die Hauptrolle in einem Film, der 2001 in die Kinos kam.
Im Film überwinden die Männer, ohne mit der Wimper zu zucken, mit einem Salto oder einem „Passement rapide“ ein Geländer, welches plötzlich vor ihnen auftaucht. Anschließend fliegen sie mit einem „Saut de chat“ über eine hohe Mauer. Sie landen sanft, obwohl sie aus einer ungeheuren Höhe herunterspringen, und rollen sich anschließend ab.

Passement rapide

Saut de Chat

Seit einigen Jahren verbreitet sich die Sportart „Parkour“ weltweit. Die Sportler versuchen, auf einem Weg von A nach B alle Hindernisse durch Kombination verschiedener Sprungtechniken und mit einem fließenden Bewegungsablauf zu überwinden. Je geschmeidiger dies gelingt, desto beeindruckender ist der Lauf. Parkour ist für seine Anhänger, die sich Traceure nennen, mehr als nur eine Sportart. Sie sehen Parkour als etwas ganz Besonderes – als die „Kunst der effizienten Fortbewegung“.
Der Vorteil dieser jungen Sportart ist, dass man außer einem Paar Turnschuhe und Selbstvertrauen nicht viel benötigt. Alles, was passiert, geschieht unter völliger Kontrolle der Situation und durch Herantasten an die eigenen Grenzen. Wichtig ist bei der Ausführung nicht die perfekte Ausführung einzelner Bewegungen, sondern ein fließender Bewegungsablauf. An den Namen der Bewegungen erkennt man, wie cool Parkour als Trendsportart ist: Ein Salto rückwärts heißt „Back Flip“ oder ein Scherensprung „Lazy Vault“. Traceure trainieren international.
Beim Parkour springen junge Menschen schnell und mit vollem Körpereinsatz über Stock und Stein, trotzdem achten sie auch auf ihre Umwelt. Traceure wollen respektvoll mit ihrer Umgebung und mit ihren Mitmenschen umgehen. Ihr oberstes Ziel beschreiben sie so: „Gehe niemals den einfachen Weg, sondern wähle immer die schwierige Strecke. Weiche Hindernissen nicht aus, sondern überwinde sie kunstvoll.“

1 a Markiere im Text auf Seite 7 alle Wörter, die du nicht verstehst. Prüfe, ob du für ein markiertes Wort eine Erklärung im Kasten unten findest.

Worterklärungen

- **etwas meistern:** schaffen, bewältigen
- **ohne mit der Wimper zu zucken:** ohne Angst zu haben, sehr mutig
- **ungeheuer:** groß, riesig
- **sich etablieren:** sich festsetzen
- **die Kombination, die Kombinationen:** eine Verbindung/ein Ablauf von mehreren Einzelteilen
- **der Bewegungsablauf, die Bewegungsabläufe:** der Ablauf einer Bewegung
- **geschmeidig:** gleitend, weich, schön anzusehen
- **effizient:** sinnvoll, wirksam
- **die Kunst, die Künste:** etwas, das man ganz besonders gut kann
- **herantasten:** sehr vorsichtig an eine Sache herangehen

b Gibt es immer noch Wörter, die du nicht kennst? Sind sie wichtig, damit du den Text verstehst? Dann schreibe sie in dein Heft.
– Versuche, ihre Bedeutung aus dem Zusammenhang zu erschließen.
– Wenn das nicht gelingt: Frage deine Mitschüler/-innen.
– Keiner weiß es? Schlage in einem Wörterbuch nach oder recherchiere im Internet.
Gib nicht auf: Arbeite weiter, bis du den gesamten Text verstanden hast.

So verstehst du schwierige Sätze mit Gegensätzen.

1 a Manchmal drücken Sätze einen Gegensatz aus. Dann enthalten sie oft die Verknüpfungswörter ***obwohl*** oder ***trotzdem***. Lies die Beispielsätze und verknüpfe die Sätze A bis E auf dieselbe Weise:

Es regnet, trotzdem scheint die Sonne.

Obwohl es regnet, scheint die Sonne.

A Ein Zaun versperrt den Laufweg. Die Sportler springen ohne Mühe darüber.

B Ein Traceur hat große Angst vor hohen Mauern. Er trainiert Mauersprünge besonders oft.

C Für Sonntag ist schlechtes Wetter angesagt. Die Gruppe wird trainieren.

D Parkour ist eine sehr schwere Sportart. Sie macht vielen Menschen großen Spaß.

E Hasan hat noch Probleme mit dem „Passement rapide". Die Gruppe ist mit seinem Fortschritt zufrieden.

b Untersuche die beiden Sätze aus dem Text auf Seite 7 und schreibe in dein Heft, welche Gegensätze sie enthalten.

A Sie landen sanft, obwohl sie aus einer ungeheuren Höhe herunterspringen, und rollen sich anschließend ab. (Z. 13–16)

Wenn jemand aus großer Höhe springt, dann erwartet man, dass …

B Beim Parkour springen junge Menschen schnell und mit vollem Körpereinsatz über Stock und Stein, trotzdem achten sie auch auf ihre Umwelt. (Z. 39–40)

So fasst du Informationen aus einem Sachtext zusammen.

1 Der Text „Parkour – Die Kunst der Fortbewegung“ auf Seite 7 hat vier Sinnabschnitte.

a Lies ihn noch einmal und ziehe Linien zwischen den Sinnabschnitten.

b Ordne jedem Sinnabschnitt eine passende Zwischenüberschrift zu und notiere sie in der Randspalte auf Seite 7.

A Besondere Ziele der Traceure

B So geht Parkour

C Einführung: Parkour im Film

D Warum Parkour cool ist

2 Du hast den Sachtext „Parkour – Die Kunst der Fortbewegung“ jetzt gut verstanden. Fasse die Informationen zusammen. Gehe schrittweise vor:

Schritt 1: Schreibe in die Randspalte neben dem Text Stichworte, die den Inhalt knapp wiedergeben.

Schritt 2: Knicke auf Seite 7 die Randspalte an der gestrichelten Linie um. Nun siehst du links die Stichworte für die Zusammenfassung. Sie helfen dir beim Schreiben.

Schritt 3: Setze den folgenden Anfang der Zusammenfassung fort.
Tipp: Fasse die Informationen in einer sachlichen Sprache zusammen: Verzichte auf Ausschmückungen und persönliche Meinungen.

Der Text „Parkour - Die Kunst der Fortbewegung“ beschreibt die Trendsportart Parkour, die

So nutzt du Schaubilder, zum Beispiel Diagramme.

1 a Die folgenden Diagramme zeigen die Ergebnisse zweier Umfragen. Schau sie dir genau an.

b Benenne die Art der Diagramme: Trage jeweils den Buchstaben des richtigen Namens ein.

Im Sportunterricht der Klasse 7c wurde „Parkour“ eingeführt. Anschließend wurden die Schüler/-innen befragt, wie die Trendsportart ihnen gefallen hat und welche Sportart sie als AG wählen würden.

A Kurvendiagramm B Balkendiagramm C Säulendiagramm D Kreisdiagramm

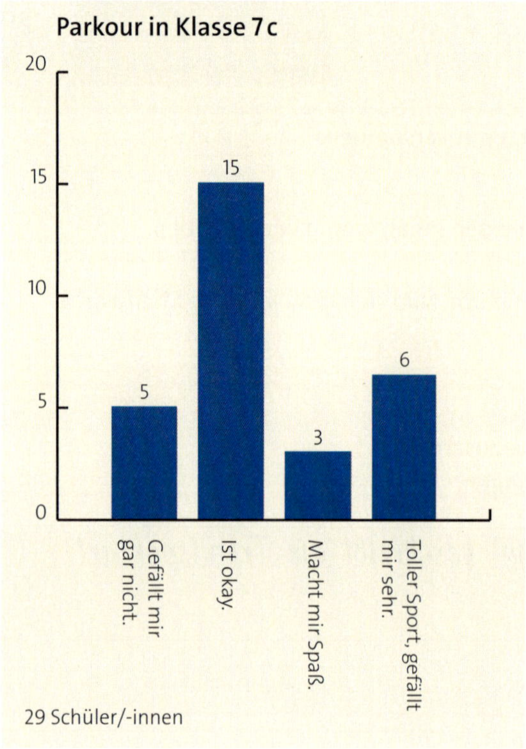

☐ Diagramm 1

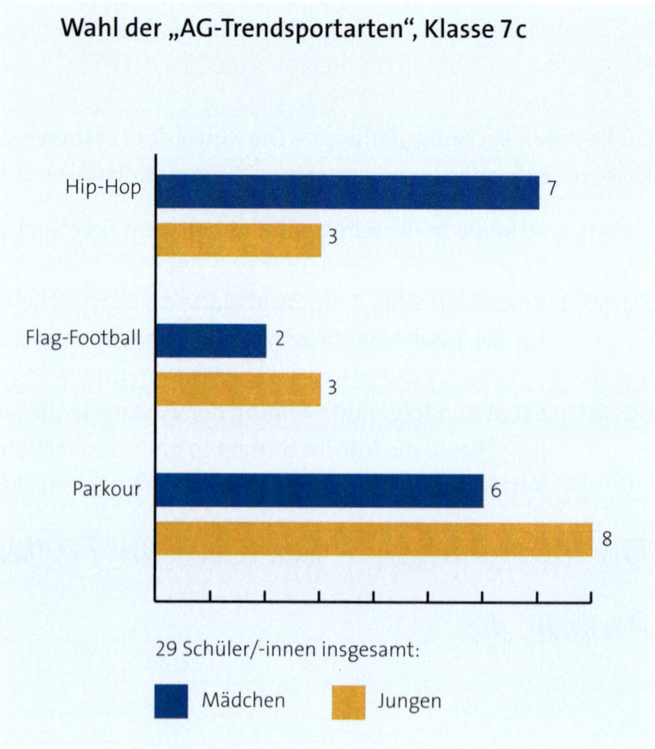

☐ Diagramm 2

c Werte die Diagramme aus: Nur jeweils eine Aussage dazu ist richtig. Kreuze an.

Auswertung Diagramm 1:

☐ Parkour ist gar nicht beliebt.
☐ Die meisten Schüler/-innen mögen Parkour.
☐ Jungen würden Parkour noch einmal machen.

Auswertung Diagramm 2:

☐ Jungen wählen Flag-Football.
☐ Mädchen wählen Hip-Hop.
☐ Parkour und Hip-Hop sind gleich beliebt.

2 a Lege Diagramm 2 als Kreisdiagramm an. Nutze dazu die Grafik rechts.

b Beschreibe das Diagramm: Welche Werte gibt es wieder?

3 Führe in deiner Klasse eine Umfrage zu einer Trendsportart durch und gib die Ergebnisse in einem Diagramm wieder.

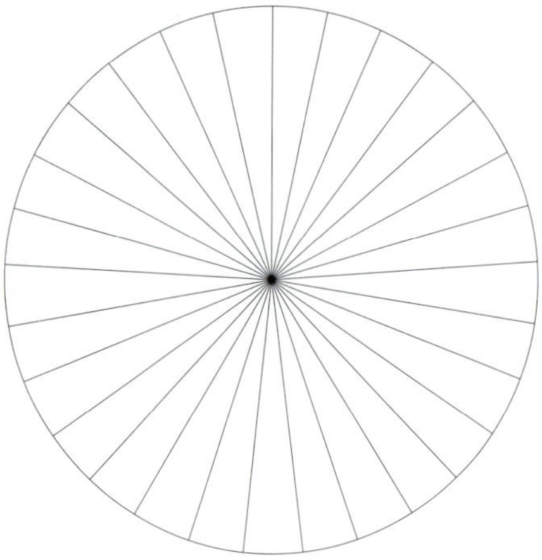

Wende Gelerntes an: Fasse Informationen in einem Beitrag für die Schülerzeitung zusammen.

1 Lies, was diese drei Traceure über ihre Erfahrungen mit Parkour berichten.

„Ich komme oft ziemlich gestresst aus der Schule. Dann gehe ich einfach raus und lege eine Runde Parkour ein, die quer durch unser Viertel geht. Danach geht es mir gleich viel besser. Einen Sport, der noch cooler ist, kann ich mir gar nicht vorstellen!“

Charlotte

„Einfach drauflos springen und klettern zu können, ist ungeheuer reizvoll. Du läufst und läufst und fragst dich: Schaffe ich dieses Hindernis, das da gerade vor mir auftaucht? Ich trainiere im Verein. Meine Parkour-Mannschaft im SV-Friesen erklimmt in Windeseile eine Mauer, die vier Meter hoch ist.“

Jakob

„Manchmal fällt mir im Unterricht zu einem Thema, das ich eigentlich gut kann, gar nichts ein. So eine Denkblockade kann ganz schön nerven! Dann stelle ich mir einfach vor, dass diese Blockade eine Mauer ist, welche ich am Tag davor überwunden habe. Dann geht es oft wieder …“

Hasan

2 Relativsätze sind Nebensätze, die ein Bezugswort im Hauptsatz näher erklären.

a Untersuche den folgenden Beispielsatz: Unterstreiche den Hauptsatz. Schau dir an, wie das Bezugswort erklärt wird. Markiere das Komma.

Meine Parkour-Mannschaft im SV-Friesen erklimmt in Windeseile eine Mauer, die vier Meter hoch ist.

b Schreibe alle Relativsätze aus den Sprechblasen oben in dein Heft ab und erkläre das Bezugswort, wie in Aufgabe 2 a gezeigt. Prüfe, ob das Komma richtig gesetzt ist.

c Relativsätze werden von Relativpronomen eingeleitet. Schreibe alle Relativpronomen aus den Äußerungen der Tracteure von Aufgabe 1 ins Heft und ergänze weitere Relativpronomen.

d Im „Text Parkour – Die Kunst der Fortbewegung“ gibt es drei Relativsätze. Unterstreiche sie.

3 a In Jakobs Sprechblase gibt es einen Nebensatz mit *dass*. Unterstreiche ihn.

b Weißt du nicht, ob du beim Schreiben *das* oder *dass* verwenden musst? Unterscheide so:
- Das Relativpronomen *das* leitet einen Nebensatz ein und bezieht sich auf ein Wort (meist Nomen) im Hauptsatz.
- Das Verknüpfungswort *dass* leitet einen Nebensatz ein und bezieht sich oft auf ein Verb des vorangegangenen Satzes.

Setze in den folgenden Sätzen ein: *das* oder *dass*. Prüfe, wie oben beschrieben.

A Sportler behaupten, __________ sie alle Hindernisse spielerisch meistern können.

B Sie erklären, __________ die neue Sportart „Parkour“ weltweit beliebt ist.

C Beim Parkour versucht man jedes Hindernis, __________ einem im Weg liegt, zu überwinden.

D Jakob sagt, __________ Parkour ihm sogar hilft, sich in der Schule besser zu konzentrieren.

5 Schreibe für eure Schülerzeitung einen Beitrag über die Trendsportart Parkour.
Verwende hierfür alle Informationen aus Texten und Schaubildern von den Seiten 7 bis 11.
Beginne so:

Parkour für unsere Schule!

Die Sportart Parkour begeistert weltweit nicht nur besonders mutige Menschen. Die Sportlerinnen und Sportler nennen sich

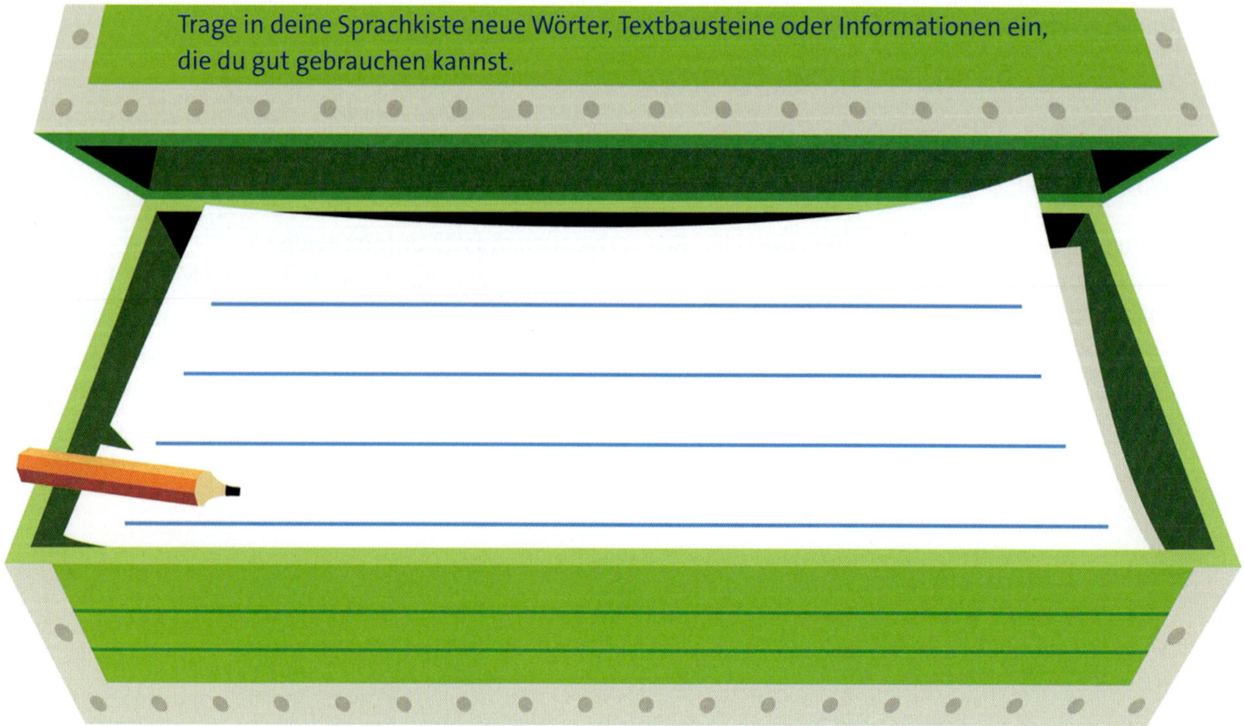

Kalendergeschichten lesen und verstehen

In diesem Kapitel übst du, wie du mit einigen **Lesemethoden** eine Kalendergeschichte verstehst. Du übst ...
- die Handlung der Kalendergeschichte zu verstehen: Was geschieht?
- die Hauptfiguren zu beschreiben: Wer ist eine wichtige Figur?
- Welche Eigenschaften hat diese Figur? Wie verhält sie sich?
- die Lehre (die Aussage) der Kalendergeschichte zu verstehen.

Das übst du hier

Vorgestellt: Geschichten von Herrn Balaban und seiner Tochter Selda

1 **Der Text erklärt dir, was eine Kalendergeschichte ist. Lies ihn und unterstreiche, was du verstehst.**

Kalendergeschichten sind kurze Geschichten, die unterhalten und belehren sollen. Sie unterhalten, weil sie von merkwürdigen und lustigen Ereignissen erzählen. Meist enthalten sie eine überraschende Wendung (Pointe). „Belehren" bedeutet, dass eine Kalendergeschichte zum Nachdenken anregt. Sie zeigt gute, aber auch weniger gute Eigenschaften von Menschen. Manchmal wird auch eine Lehre formuliert: Das ist ein Satz oder ein Ausspruch, der Leserinnen und Lesern eine Weisheit für ihr eigenes Leben mit auf den Weg gibt. Ihren Namen tragen Kalendergeschichten, weil sie zuerst in Jahreskalendern veröffentlicht wurden. Solche Kalender gab es im 19. Jahrhundert. Heute erscheinen Kalendergeschichten nur in einem Buch.

In diesem Kapitel lernst du Kalendergeschichten über Herrn Balaban und seine Tochter Selda kennen.

2 **Schau dir das Bild unten an und beantworte die Fragen:**
- **Was geschieht?**
- **Findest du die Geschichte witzig? Begründe.**
  Tipp: Die Wörter im Kasten unten helfen dir.

____

____

____

____

Worterklärungen

- **merkwürdig:** seltsam, eigenartig, auffällig
- **die Wendung, die Wendungen:** plötzliche Veränderung oder Entwicklung (auch: die Pointe)
- **die Weisheit, die Weisheiten:** Klugheit, Lebenserfahrung, kluger Spruch
- **pfiffig:** besonders schlau, klug, aufgeweckt, clever
- **verschmitzt:** lustig, schlau, pfiffig; mit einem Augenzwinkern
- **der Humor:** die Fähigkeit, die lustige Seite eines Geschehens zu erkennen
- **hinterfragen:** Zusammenhänge hinter dem Geschehen erkennen, den Dingen auf den Grund gehen

So erschließt du eine Kalendergeschichte.

1 Die Kalendergeschichten von Martin Auer haben keine Überschriften, sie tragen nur Nummern. Lies die Geschichte „Herr Balaban und seine Tochter Selda“ zügig und unterstreiche mit einem Bleistift, was du verstehst.

Martin Auer

Herr Balaban und seine Tochter Selda – Geschichte Nr. 168 (2002)

Zu Herrn Balaban kam einmal ein Nachbar, der Herr Müller: „Man sagt ja von Ihnen, dass Sie so gescheit sein sollen. Ständig kommen Leute zu Ihnen, die Sie um Rat fragen. Haben Sie irgendetwas studiert?“

„Nein“, sagte Herr Balaban, „ich habe nichts studiert.“ „Ja, aber wovon sind Sie dann so gescheit?“

„In meiner Heimat kennt man eine Wurzel, die sehr gesund ist fürs Gehirn. Und ich esse eben sehr viel davon.“ „Ach, und kann man diese Wurzel kaufen?“

„Aber sicher!“ „Haben Sie vielleicht so etwas?“

„Hab ich sogar. Für einen Fünfziger kann ich Ihnen drei abgeben.“

„Ach, das wäre großartig.“

Herr Balaban ging nach hinten in den Laden und kam gleich mit einer kleinen Schachtel zurück.

„Isst man sie roh oder gekocht?“, fragte Herr Müller, als er zahlte.

„Das ist eigentlich egal.“

„Dann probiere ich sie gleich“, sagte Herr Müller. Er machte sie auf und aß die erste Wurzel. Dann runzelte er die Stirn und aß die zweite. Dann schüttelte er den Kopf und aß die dritte. „Also hören Sie“, sagte er dann erbost, „wenn Sie mich fragen, waren das ganz gewöhnliche Karotten. Davon krieg ich für diesen Preis im Supermarkt einen ganzen Sack voll!“

„Sehen Sie“, sagte Herr Balaban, „es wirkt schon!“

2 Worum geht es? Kreuze die richtige Aussage an.

In der Kalendergeschichte „Herr Balaban und seine Tochter Selda“ von Martin Auer geht es um ...

A ☐ Herrn Müller, der Herrn Balaban ganz besonders gern hat.

B ☐ Herrn Müllers Einkauf für sein Lieblingsgericht.

C ☐ Herrn Balaban, der für alle Lebensmittel zu hohe Preise verlangt, um reich zu werden.

D ☐ Herrn Balaban, der Herrn Müller beim Einkauf auf witzige Weise hereinlegt.

3 Schreibe ein anderes Wort für „die Karotte“ auf. ______________________

Worterklärungen

- **gescheit:** klug, schlau, gebildet
- **die Wurzel, die Wurzeln:** der Teil einer Pflanze, der im Boden steckt; viele Wurzeln gelten als Gemüse
- **erbost:** zornig, wütend, aufgeregt

So verstehst du schwierige Sätze.

1 Weißt du manchmal nicht, was in einem Text gemeint ist?
An solchen Stellen steht oft ein Wort, das ein Nomen ersetzt, zum Beispiel:
- ein Pronomen: *er, sie, es, der, die, welches, ihm, ihn, diese, etwas, einige, man, jeder* usw.
- ein Adverb: *davon, darauf, dafür, hierzu* usw.

a Schau dir die Beispielsätze an.

„In meiner Heimat kennt man eine Wurzel, die sehr gesund ist fürs Gehirn."

„Und ich esse eben sehr viel davon." (Z. 4–5)

b Lies die Kalendergeschichte noch einmal und unterstreiche darin alle Pronomen und Adverbien, die ein Nomen ersetzen.

c Unterstreiche jeweils das dazugehörende Nomen und zeichne einen Pfeil dorthin ein.

So kannst du die Handlung einer Kalendergeschichte nachvollziehen.

1 Mit Hilfe eines Flussdiagramms kannst du den Handlungsverlauf der Kalendergeschichte übersichtlich veranschaulichen.
Tipp: Es ist wichtig, die Reihenfolge der Ereignisse einzuhalten.
Notiere knapp untereinander: Wer ist beteiligt? Was geschieht? Setze die Sätze fort.

Herr Müller kommt zu Herrn Balaban in den Laden und fragt, warum ______________________

____

↓

Herr Balaban antwortet, dass ______________________

____

↓

Herr Müller möchte daraufhin die Wurzel kaufen, weil er ______________________

____

↓

Herr Müller isst die ______________ *und merkt, dass* ______________________

____

↓

Herr Balaban erwidert, ______________________

____

So erschließt du die Lehre der Kalendergeschichte.

1 a **Markiere im Text die Stelle, an der die Handlung eine Wendung nimmt.**

b **Kreuze an: Worin besteht die überraschende Wendung (Pointe)?**

A ☐ Herr Balaban gibt Herrn Müller die Wurzeln am Schluss doch nicht.

B ☐ Herr Müller erkennt, dass die teuren Wurzeln, die er gekauft hat, ganz normale Karotten sind.

C ☐ Herr Balaban lacht und gibt Herrn Müller das Geld zurück.

D ☐ Herr Müller findet den Einfall von Herrn Balaban lustig.

2 **Am Ende der Kalendergeschichte steht folgender Satz:**

„Sehen Sie“, sagte Herr Balaban, „es wirkt schon!“ (Z. 17)

Dieser Satz enthält die Lehre der Kalendergeschichte. Schreibe auf, was Herr Balaban mit dem Satz meint.

Mit diesem Satz möchte Herr Balaban ausdrücken, dass ______________________

____

____

____

So beschreibst du eine Figur.

1 a **Stell dir vor, du schreibst an Herrn Müller und an Herrn Balaban eine E-Mail: Erkläre jeder Figur, wie du ihr Verhalten findest. Schreibe ins Heft und verwende die Starthilfen.**
Tipp: Nutze die Worterklärungen auf den Seiten 13, 15 und unten.

An

Betreff

Lieber Herr Müller,

ich habe mich ein bisschen über Ihr Verhalten gewundert. Sie ...

Senden

An

Betreff

Lieber Herr Balaban,

das war ganz schön gewitzt, wie Sie Herrn Müller hereingelegt haben. Sie ...

Senden

b **Herr Balaban ist die Hauptfigur der Kalendergeschichte. Charakterisiere ihn in deinem Heft.**
Tipp: „Charakterisieren“ bedeutet, Aussehen, Verhalten und Eigenschaften einer Figur zu beschreiben.

Worterklärungen

- **jemanden an der Nase herumführen:** jemanden hereinlegen, etwas vortäuschen
- **gewitzt:** ... ist jemand, der einfallsreich, clever oder trickreich ist.
- **wachsam:** ... ist jemand, der aufmerksam, misstrauisch oder konzentriert ist.
- **leichtgläubig:** ... ist jemand, der zu schnell bereit ist, etwas zu glauben, und nicht aufpasst.
- **einfältig:** ... ist jemand, der nicht aufmerksam und nicht besonders klug ist.

Wende Gelerntes an: Setze die Lesemethoden ein.

1 Lies den Anfang der Geschichte mit der Nummer 60 zügig und unterstreiche mit einem Bleistift, was du verstehst.

Martin Auer

Herr Balaban und seine Tochter Selda – Geschichte Nr. 60 (2002)

Als Selda mit ihrem Vater einmal in Hamburg war, sah sie am Hafen ein großes Schiff anlegen. Selda ging auf das Schiff und fragte den Steuermann, ob sie vielleicht als Matrose anheuern könnte.

„Du meinst wohl, als Küchenhilfe?", sagte der Steuermann spöttisch.

„Nein, ich möchte gerne Matrose werden!"

„So", sagte der Steuermann spöttisch, „na, dann pass auf!" Er hob ein Stück Tau vom Deck auf, warf es Selda zu und sagte: „Wenn du an diesem Stück Tau drei Enden findest, dann kannst du Matrose werden!" Inzwischen hatten sich schon ein paar Mann von der Schiffsbesatzung angesammelt und schauten grinsend zu. Selda drehte das Stück Tau eine Weile in den Händen, dann ...

2 Erschließe den Handlungsverlauf mit einem Flussdiagramm (siehe Seite 15, Aufgabe 1): Wer ist beteiligt? Was geschieht?

Selda ist im Hamburger Hafen und ______________________________

↓

Auf dem Schiff ______________________________

↓

Der Steuermann ______________________________

3 a Erkläre: Warum gibt der Steuermann Selda eine Aufgabe?

____

b Stell dir vor, du wärest Selda und der Steuermann hätte dir diese Aufgabe gestellt. Überlege und schreibe auf: Wie könnte man an einem Tau drei Enden finden?

____

Worterklärungen

- **der Matrose, die Matrosen:** der Seemann; ein Arbeiter auf einem Schiff
- **der Steuermann, die Steuermänner:** Er lenkt (steuert) ein Schiff nach Anweisung des Kapitäns.
- **anheuern:** auf einem Schiff eine Arbeit annehmen
- **das Tau, die Taue:** ein dickes Seil, mit dem Schiffe festgebunden werden
- **die Schiffsbesatzung, die Schiffsbesatzungen:** alle Menschen, die auf einem Schiff arbeiten

So verstehst du Prädikatsklammern.

1 Einige Verben können die Aussage eines Satzes verändern.
Das sind die Verben ***wollen, sollen, dürfen, können, müssen, mögen.*** Man nennt sie Modalverben.
Tipp: Modalverb und Verb können im Satz eine Prädikatsklammer bilden.

a Unterstreiche auch im zweiten Satz die Prädikatsklammer.

Max will für die Deutscharbeit über Kalendergeschichten lernen. Marie muss für diese Deutscharbeit lernen.

b Erkläre den Unterschied in der Bedeutung. Setze die Erklärung unten fort.

Max äußert in Satz A die Absicht, freiwillig zu lernen.

Marie ______________________________

c Bilde zwei weitere Sätze mit unterschiedlicher Satzaussage. Verwende andere Modalverben.

Meral ______________________________

Marvin ______________________________

d Unterstreiche im Text auf Seite 17 die drei Sätze, die Prädikatsklammern mit Modalverben haben.
Nummeriere sie am Rand.
Erkläre für jeden Satz, wie das Modalverb die Aussage verändert. Schreibe auf, wie in Aufgabe 1 b.

Satz 1: ______________________________

Satz 2: ______________________________

Satz 3: ______________________________

2 Auch die Zeitform Plusquamperfekt (Vorvergangenheit) bildet eine Prädikatsklammer. Beispiel:

Als der Steuermann Selda ansprach, hatte sie das Schiff bereits betreten. Der Steuermann antwortete belustigt, denn Selda hatte ihn etwas Überraschendes gefragt.

a Markiere im Text „Herr Balaban und seine Tochter Selda – Geschichte Nr. 60“ auf Seite 17 den Satz, der die Zeitform Plusquamperfekt enthält. Unterstreiche darin die Prädikatsklammer.

b Erkläre für diesen Satz die zeitliche Abfolge: Was geschah als Erstes, was erst danach?

____

____

____

____

So erschließt du die Lehre der Kalendergeschichte.

1 Lies den Schluss der Kalendergeschichte auf Seite 17 von Martin Auer.

Selda drehte das Stück Tau in den Händen, dann hielt sie nacheinander die beiden Enden hoch und sagte: „Das ist das eine Ende vom Tau, das ist das andere Ende vom Tau, und das"– damit warf sie das Tau ins Wasser – „ist das endgültige Ende vom Tau!"

2 a Beschreibe, wie Selda die Aufgabe löst.

Selda ______

b Vergleiche ihr Vorgehen mit deiner eigenen Idee (Aufgabe 3, Seite 17): Überrascht dich Seldas Lösung? Streiche jeweils im Kästchen durch, was du für unpassend oder falsch hältst.

Ich habe mit dieser Lösung [nicht gerechnet / gerechnet]. Das ist [keine / eine] überraschende Wendung (Pointe).

Selda spielt [mit dem Tau / mit der doppelten Bedeutung des Wortes „Ende"].

Der Steuermann meint mit „Ende" [die Stellen, an denen das Tau aufhört / lose Stücke des Taus].

Selda versteht das. Aber sie benutzt auch die zweite Bedeutung des Wortes „Ende". Das Wort bedeutet auch, [dass etwas nie aufhört / dass es einen Zeitpunkt gibt, an dem etwas aufhört, da zu sein].

c Erkläre mit eigenen Worten, wie Selda auf drei Enden kommt.

______

______

3 Wähle Adjektive aus, welche die Figuren „Selda" und den „Steuermann" gut beschreiben: Umkreise Adjektive für Selda blau und Adjektive für den Seemann in einer anderen Farbe.
Tipp: Manche Adjektive passen nicht.

geistreich · gutgläubig · pfiffig · begriffsstutzig · überheblich · gewitzt · selbstgefällig · schlau · einfältig · listig · erfinderisch · aufgeweckt · clever · einfallsreich · herablassend · eingebildet · scharfsinnig · dumm

4 Eine Kalendergeschichte regt zum Nachdenken an.

a Schreibe ins Heft, welche guten und welche schlechten Eigenschaften von Menschen die Geschichte auf Seite 17 zeigt. Beschreibe auch, woran man diese Eigenschaften erkennt.

Gute Eigenschaften hat … Diese Eigenschaften erkennt man daran, dass …

Schlechte Eigenschaften hat … Das führt dazu, dass …

b Überlege: Welche Lehre könnte am Schluss stehen? Kreuze zwei geeignete Aussprüche an.

A ☐ Geteilte Freude ist doppelte Freude.
B ☐ Alles hat ein Ende, nur die Wurst hat zwei.
C ☐ Ohne Fleiß kein Preis.
D ☐ Wer anderen eine Grube gräbt, fällt selbst hinein.

Wende Gelerntes an: Fasse eine Kalendergeschichte zusammen.

1 Verschaffe dir einen ersten Überblick, indem du die Kalendergeschichte einmal zügig liest. Schreibe in dein Heft, worum es geht.

Martin Auer

Herr Balaban und seine Tochter Selda – Geschichte Nr. 101 (2002)

Herr Balaban sah durch die Tür einer Zoohandlung eine große dänische Dogge. Neugierig ging er in das Geschäft, um das große Tier zu bewundern.

„Du meine Güte, so ein riesiger Hund! Was kostet denn so ein Tier?“, fragte er.

„Der da? 500!“, sagte der Geschäftsinhaber.

Herr Balaban zeigte auf einen deutschen Schäferhund.

„Und der da?“

„Der kostet 1 000!“

„Was Sie nicht sagen! Und so einer?“ Herr Balaban deutete auf einen kleineren Hund mit blauen Augen.

„Der? Das ist ein Husky, der kostet 2 000!“

„Und dieser winzige da?“

„Das, das ist etwas ganz Besonderes, ein Chihuahua! Der kostet 3 000!“

„Sagen Sie einmal“, sagte Herr Balaban interessiert, „was kostet denn bei Ihnen gar kein Hund?“

2 In dieser Kalendergeschichte geschieht wenig, es findet vor allem ein Gespräch statt. Zeichne ein Flussdiagramm in dein Heft und trage dort den Gesprächsablauf ein.

Herr Balaban besucht ein Zoogeschäft, in dem er einen großen Hund gesehen hat. Er fragt nach dem Preis.

↓

Der Geschäftsinhaber …

↓

3 Herr Balaban erfährt im Gespräch mit dem Geschäftsinhaber, was die Hunde kosten. Dabei fällt ihm etwas auf. Betrachte die folgende Übersicht: Mal schauen, ob du dahinterkommst.

Hunderasse	Beschreibung Im Text	Kosten
Dänische Dogge 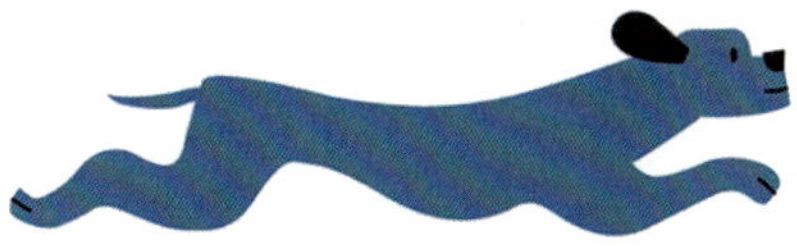	ein riesiger Hund	500,-
Deutscher Schäferhund 	ein großer Hund	1000,-
Husky 	ein kleinerer Hund	2000,-
Chihuahua 	ein winziger Hund	3000,-
gar kein Hund 	unsichtbar	?

Beschreibe den Zusammenhang zwischen der Größe des Hundes und dem Preis.

____

____

4 Zum Schluss fragt Herr Balaban: „Sagen Sie einmal, was kostet denn bei Ihnen gar kein Hund?"

a Prüfe: Welche Überlegung steckt hinter dieser Frage? Vervollständige den Satz.

Je größer die Hunde sind, desto weniger kosten sie. Je kleiner ______________________________

____

b Folge dieser Logik und beantworte die Frage, die Herr Balaban am Schluss stellt.

Gar kein Hund ______________________________

c Herr Balaban hätte am Schluss auch rufen können: „Sind Sie verrückt? So ein kleiner Hund kann doch nicht so viel Geld kosten!" Das macht er aber nicht. Warum stellt er stattdessen seine Frage an den Geschäftsinhaber? Setze die Erklärung unten fort, indem du einen Grund aufschreibst.

Der Geschäftsinhaber findet es offenbar völlig normal, dass immer kleinere Hunde immer mehr Geld kosten. Erst die letzte Frage von Herrn Balaban gibt dem Gespräch eine überraschende Wendung. Der Geschäftsinhaber kann diese Frage nicht beantworten, weil ______________________________

____

So beginnst du eine Inhaltsangabe.

1 Wenn du eine Inhaltsangabe schreibst, fasst du den Text knapp und sachlich zusammen.

a Trage die Informationen ein, die du in der Einleitung geben musst.

die Textsorte: eine Kalendergeschichte

den Titel: ____________________

den Namen des Autors: ____________________ das Erscheinungsjahr: ____________________

das Thema: Es geht um ein Gespräch zwischen ____________________

b Formuliere die Einleitung im Heft aus: Gib die Informationen zusammenhängend wieder.

In der Kalendergeschichte _?_ von _?_ aus dem Jahr _?_ geht es um _?_ .

So verwendest du das richtige Tempus.

1 Wenn du eine Inhaltsangabe schreibst, verwendest du das Präsens.
Erzählt werden Kalendergeschichten im Präteritum.
Tipp: Für die Inhaltsangabe musst du also das Tempus (die Zeitform) umwandeln.

a Erkläre für beide Tempusformen, welche Zeit sie wiedergeben. Verbinde.

Präteritum	Präsens
Gegenwart	Vergangenheit

b Unterstreiche in der Kalendergeschichte auf Seite 20 alle Verbformen im Präteritum.

c Trage sie in die linke Spalte der Tabelle unten ein.
Trage zu jedem Verb auch die Verbform im Präsens und den Infinitiv ein.
Tipp: Starke Verben ändern ihren Stammvokal (eine Übersicht findest du vorn im Umschlag).

Beispiele: schwimmen (Infinitiv) – er schwimmt (Präsens) – er schwamm (Präteritum)
gehen – ich gehe – ich ging

Präteritum	Präsens	Infinitiv (Grundform)
er sah (Z. 1)	er sieht	sehen

So gibst du wörtliche Rede als indirekte Rede wieder.

1 **Äußerungen von Figuren kannst du in der indirekten Rede wiedergeben: Der Inhalt der indirekten Rede bleibt ohne Anführungszeichen. Die Personalform des Verbs steht meistens im Konjunktiv I.**

Beispiele für die Verbformen des Konjunktiv I (Verbstamm + *e* + Personalendung):

sollen:	ich soll**e**	du soll**est**	er soll**e**	wir sollen	ihr soll**et**	sie sollen
sein:	ich sei	du seist	er sei	wir seien	ihr seiet	sie seien

a **Forme in die indirekte Rede um. Achtung: Verwende in einer Inhaltsangabe das Präsens.**

Herr Balaban fragte: „Was kostet der Hund?" *Herr Balaban fragt, was der Hund koste.*

A Der Geschäftsinhaber antwortete: „Der Hund ist teuer und er frisst auch viel." ______________________

____

B Herr Balaban rief: „Ein Hund, der viel Futter braucht, muss doch preiswert sein!" ______________________

____

b **Wenn du eine Äußerung mit „ich" in indirekter Rede wiedergibst, ändert sich das Pronomen. Forme um und beachte dabei den Pronomenwechsel.**

Herr Balaban sagte: „Den Hund kaufe ich nicht." *Herr Balaban sagt, er kaufe den Hund nicht.*

Der Geschäftsinhaber antwortete: „Ich gebe ihn auch gar nicht her." ______________________

____

2 **Im Hauptteil einer Inhaltsangabe stellst du die Handlung (das Gespräch) in der richtigen Reihenfolge dar.**
Tipp: Verwende passende Satzverknüpfungen. Unterstreiche im Hauptteil unten die Satzverknüpfungen.

Herr Balaban sucht eine Zoohandlung auf und kommt mit dem Geschäftsinhaber in ein Gespräch über die Hunde, die angeboten werden. Als Erstes schaut er sich eine dänische Dogge an und fragt, was sie koste. Sofort gibt der Inhaber Auskunft. Daraufhin erfragt Herr Balaban auch die Preise für drei andere Hunde. Als er die Preise für alle Tiere kennt, fällt ihm auf, dass die Hunde teurer werden, je kleiner sie sind.

3 **Der Schluss der Inhaltsangabe gibt die Lehre der Geschichte wieder. Lies die beiden Beispiele für den Schluss einer Inhaltsangabe zur Kalendergeschichte von Seite 20. Nur ein Text ist geeignet: Wähle aus und begründe.**

A Das Gespräch zwischen Herrn Balaban und dem Geschäftsinhaber besteht aus Frage und Antwort. Abschließend stellt Herr Balaban sehr ernsthaft eine letzte Frage, die seine Erkenntnis auf die Spitze treibt. Wenn kleine Hunde immer teurer werden, muss folgerichtig gar kein Hund am teuersten sein. Dadurch bringt er auf witzige Weise die Vermutung zum Ausdruck, dass der Kunde mit der Preisgestaltung betrogen werde. Herr Balaban möchte deutlich machen, dass er klug genug ist, dies zu bemerken. Die Lehre lautet also, dass Geschäftsinhaber Kunden nicht für dumm verkaufen sollten.

B Der Schluss der Kalendergeschichte ist richtig witzig. Den dummen Gesichtsausdruck, den der Geschäftsinhaber bestimmt macht, möchte man gern sehen!

So verstehst du Sprichwörter oder Redensarten.

1 Sprichwörter oder Redensarten darf man nicht wortwörtlich nehmen. Das, was sie sagen, muss noch übertragen werden. Gemeint ist etwas ganz anderes. Meist ist die Sprache sehr bildhaft. Beispiele:

Sprichwort oder Redensart	Bild	übertragene Bedeutung
jemandem den Kopf waschen		jemandem die Meinung sagen, auf Fehler hinweisen
den Vogel abschießen	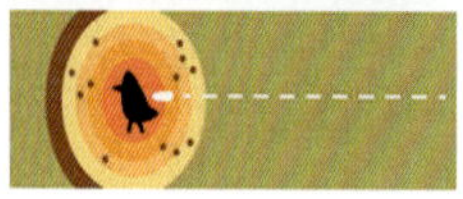	im Positiven= mit etwas Erfolg haben im Negativen= erfolglos sein, etwas Peinliches tun

Schreibe zu den folgenden Sprichwörtern/Redensarten auf, was sie im übertragenen Sinn bedeuten könnten.

Sprichwort oder Redensart	Bild	übertragene Bedeutung
A abwarten und Tee trinken		
B besser den Spatz in der Hand als die Taube auf dem Dach		
C jemandem einen Bären aufbinden		

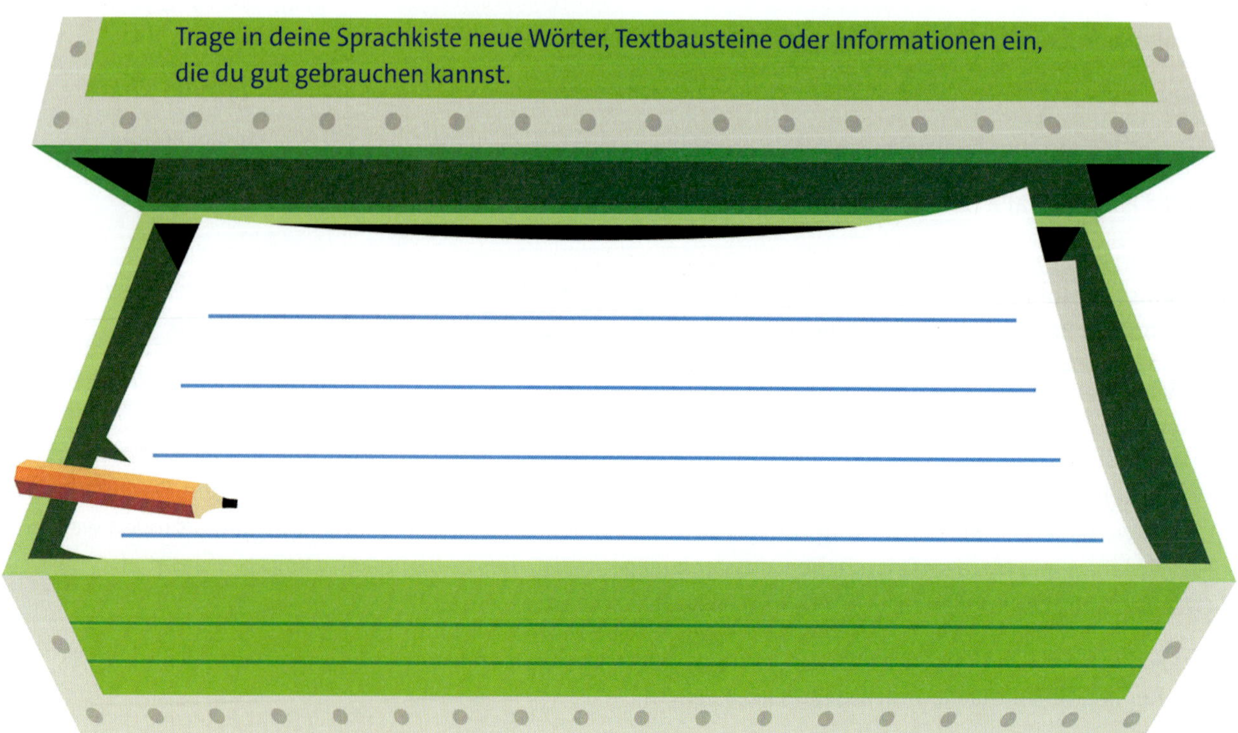

Über ein Ereignis berichten

In diesem Kapitel übst du, andere Personen sachlich, kurz und genau über ein **Ereignis zu informieren.** Dafür musst du
- den passenden Wortschatz sammeln,
- die W-Fragen beantworten: **Was? Wann? Wo? Wer?** (Einleitung)
  Wie passierte etwas und **warum** geschah es? (Hauptteil)
  Welche Folgen hatte das Ereignis? (Schluss)
  im **Präteritum** schreiben.

Das übst du hier

So sammelst du Informationen für einen sachlichen Bericht.

1 In Köln sollte ein großes Fußballspiel stattfinden: Schau dir die Situation im Bild genau an.
Trage in jedes Kästchen die Nummer des richtigen Wortes ein.
Tipp: Passende Wörter findest du unten im Kasten „Worterklärungen".

Worterklärungen

1 **der Spieler, die Spieler:** eine Person, die an einem Spiel teilnimmt; der Sportler oder die Sportlerin in einem Wettkampf; der Wettkämpfer oder die Wettkämpferin
2 **die Mannschaft, die Mannschaften:** die Gruppe/das Team von Sportlern oder Sportlerinnen
3 **das Stadion, die Stadien:** ein ovales Sportfeld, umgeben mit Sitzreihen auf Tribünen für Zuschauer/-innen
4 **die Stadionanzeige, die Stadionanzeigen:** eine Leuchttafel, die z. B. Uhrzeit und Spielstand zeigt
5 **die Tribüne, die Tribünen:** ein ansteigendes Gerüst mit Sitzreihen, z. B. in einer Sportarena bzw. im Stadion
6 **das Unwetter, die Unwetter:** meist stürmisches Wetter mit viel Regen, kann Schäden verursachen
der Schiedsrichter, die Schiedsrichter: der Spielleiter bei einem Sportspiel, wie z. B. Fußball (Abk.: Schiri)

So unterscheidest du Erzählen und Berichten.

1 Lukas war im Stadion. Er tauscht sich mit seinen Freunden über das Erlebte aus. Lies die Texte, schau dir die Bilder an und markiere Informationen über das Ereignis.

„Ich war am Samstag im Stadion. Ihr könnt euch das nicht vorstellen! Da hat man Karten für so ein tolles Spiel und dann einfach ‚Abbruch'."

„Schaut mal, ich habe ein paar Fotos mit dem Handy gemacht. Plötzlich zog ein Unwetter auf. Der Himmel war pechschwarz. Dann ging alles ganz schnell, totales Drama. Die Spieler beider Mannschaften waren ja auf dem Platz und das Stadion war voll, es waren sehr viele Zuschauer da. Die Stimmung war toll, alles ganz friedlich. Kein Ärger unter den Fußball-Fans, auch nicht mit den Fans aus der Slowakei."

„Was war denn da los?"

„Ich habe das in der Zeitung gelesen, sieh mal hier. Welche Folgen wird das denn jetzt haben?"

„Im Spätsommer wird ein Wiederholungsspiel stattfinden."

Sport vom Wochenende — Montag, 30. Mai 20xx

Schweres Unwetter!
Freundschaftsspiel abgebrochen

Köln *rts* – Am Samstag (28. Mai), startete um 17:45 Uhr bei strahlendem Sonnenschein das Freundschaftsspiel Deutschland – Slowakei. Es gab zwar eine Sturmwarnung für das Rheinland, aber das Wetter sah gar nicht so schlecht aus. Der Schiedsrichter pfiff das Spiel wie geplant an. Schon in der 9. Minute gab es die erste Torchance für die Slowakei durch Koskić. Überraschend bauten sich zeitgleich schwarze Gewitterwolken über dem Stadion auf. Wenige Minuten später jagten Sturmböen Hagel und Eisregen über das Spielfeld und die Ränge. Um 18.00 Uhr ...

2 Du hast mündlich Erzähltes und schriftlich Berichtetes über das Ereignis gelesen. Gib an, wie sie sich unterscheiden: Trage für die folgenden Merkmale ein E für mündlich erzählt und B für schriftlich berichtet ein.

- ☐ genaue Angaben
- ☐ ausführliche Darstellung
- ☐ sachliche Darstellung
- ☐ spannende Darstellung
- ☐ Äußerung von Meinungen, Gedanken oder Gefühlen
- ☐ Alltagssprache
- ☐ wörtliche Rede
- ☐ richtige zeitliche Abfolge

Worterklärungen

- **das Detail, die Details:** die wichtige Einzelheit einer Sache oder eines Zustands, z. B. ein wichtiger Baustein
- **pechschwarz:** sehr dunkel, schwarz
- **das Gewitter, die Gewitter:** ein Unwetter mit Blitz und Donner, Wolkenbruch mit Regen oder Hagel
- **friedlich:** sich gut vertragen, in Frieden miteinander umgehen
- **die Stimmung, die Stimmungen:** ein bestimmtes Gefühl in einem Augenblick, beim Zusammensein von Menschen; eine bestimmte positive, neutrale oder negative Atmosphäre in einer Gruppe
- **stattfinden** – *ähnliche Wörter: er*folgen, passieren, geschehen, eintreten, stattfinden, vorkommen

So ordnest du Informationen für den Schreibplan.

1 Ordne die Informationen über das abgebrochene Freundschaftsspiel. Trage stichwortartig die Antworten zu den W-Fragen im Schreibplan ein.
Tipp: Deine Markierungen auf Seite 25 helfen dir dabei.

Einleitung

Was geschah? ______

Wann geschah es? *Samstag, den* ______

Wo geschah es? ______

Wer war beteiligt? *die Zuschauer, die Spieler* ______

Hauptteil

Wie lief das Ereignis ab? ______

______

______

______

Warum passierte es? ______

______

______

Schluss

Welche Folgen hatte das Ereignis? ______

______

______

2 Für den Bericht brauchst du einige zusammengesetzte Nomen:

die Gewitterwolke ▪ das Freundschaftsspiel ▪ der Blitzeinschlag ▪ das Sportereignis ▪ die Sturmböe

a Zeige, wie du ihre Bedeutung klären kannst. Schreibe die Wörter im Heft auf, wie im Beispiel unten gezeigt.

b Umkreise bei den einzelnen Nomen den Artikel, der für das zusammengesetzte Nomen gilt.

das Fußball|spiel – der Fußball + das Spiel

So schreibst du sachlich.

1 Ein Bericht muss sachlich formuliert sein, ohne persönliche Meinungen, Gefühle oder Gedanken. Drei der folgenden Sätze sind nicht sachlich geschrieben: Kreuze sie an.

A ☐ Das Fußballspiel begann pünktlich.

B ☐ Das Gewitter erschreckte nur die Angsthasen.

C ☐ Das Länderspiel abzubrechen, war eine ganz dumme Idee.

D ☐ Ich fand den Tag ungeheuer spannend.

E ☐ Das Länderspiel zog viele Zuschauer an.

2 In diesen Sätzen der Einleitung sind einige Wörter nicht sachlich oder sie sind überflüssig. Streiche die überflüssigen Wörter durch, sodass in der Einleitung sachlich berichtet wird.
Tipp: Wende die Weglassprobe an.

VORSICHT FEHLER!

Die beiden ~~sehr perfekten~~ Mannschaften begrüßten sich und die Zuschauer mit ziemlich witzigen Verbeugungen. Sie standen dabei auf dem Rasen und trugen alle sehr knallbunte, auffällige Trikots, wahrscheinlich von einem angesagten Designer oder so. Der Schiedsrichter erklärte, dass die zusammengetrommelten Spieler ihn für dieses Freundschaftsspiel gewählt hatten, weil er immer so lustig sei. Indem sie bei diesem großartigen Freundschaftsspiel extrem großen Einsatz zeigten, würden sie die guten Beziehungen zwischen den beiden Ländern unterstreichen.

3 Schreibe einen vollständigen Bericht über den Abbruch des Freundschaftsspiels in dein Heft.
Tipp: Nutze den Schreibplan von Seite 27.

4 Überarbeite deinen Bericht und prüfe am Schluss, ob du alles richtig geschrieben hast. Verbessere Fehler, wenn du welche findest. Achte besonders darauf, dass alle Nomen großgeschrieben sind.
Tipp: Auch Verben und Adjektive können im Satz als Nomen verwendet werden. Das nennt man Nominalisierung. Nominalisierte Wörter werden großgeschrieben, hier z. B. die nominalisierten Verben:

Spielern macht Trainieren viel Spaß, aber Springen über Hürden weniger.

Nominalisierungen kannst du mit Hilfe der Ergänzungsprobe erkennen:

→ Nominalisierte Verben und Adjektive haben einen **Artikel:** Prüfe, ob du ihn **in Gedanken ergänzen** kannst.

das
Spielern macht ↓ Trainieren viel Spaß, aber

→ Vor eine Nominalisierung kannst du im Satz in Gedanken auch ein **Adjektiv ergänzen:**

hohes
↓ Springen über Hürden weniger.

Prüfe für die grün markierten Wörter, ob sie großgeschrieben werden: Streiche jeweils den falschen Anfangsbuchstaben durch. Schreibe sie mit dem richtigen Artikel oder einem passenden Adjektiv auf.

Obwohl a / Aufziehen von grauen Wolken nicht immer eine Gefahr bedeutet, kam r / Regen auf. Weil die Zuschauer unter dem Dach der Tribüne nichts von den Wolken s / Sehen konnten, waren sie zuerst gegen den Spielabbruch. Wegen ihrer g / Großen Verantwortung entschieden die Veranstalter, dass für das Freundschaftsspiel a / Abbrechen die beste Lösung sei.

Wende Gelerntes an: Berichte über ein Crossturnier mit Mountainbikes.

1 **Stell dir vor, du willst für die Schulwebseite über ein Turnier im Crossfahren berichten, das die Mountainbike-Schulmannschaft veranstaltete. Du hast das Turnier beobachtet und vieles notiert.**

a Lies die Notizen und erkläre einem Partner/einer Partnerin, was du bei dem Sportereignis erlebt hast.

b Wähle Informationen aus, die für deinen Artikel geeignet sind, und markiere diese.

Mountainbike-CrossTurnier
Ort: Platz am Königswald
Termin: Samstag, 17. November
Teilnehmer: Schulmannschaft Mountainbike
Abfahrt an der Schule (Bus): 11:00 Uhr (Schultor)
Start des Rennens: 12:00 Uhr auf dem Waldplatz
Startposition: westlicher Eingang, Kastanienpfad
Trainer bringt Ausrüstung im Transporter mit

unvergessliches Rennen
kühler, sonniger Tag nach verregneter Woche
viele Zuschauer (Lehrer/-innen, Schüler/-innen, Eltern)
5 Gruppen je 5 Fahrer/-innen starteten im Abstand von 15 Minuten
Wertung: a) Zeit, b) Technik: „Rampensprung“, „Salto“ und „Einradfahren“.
ca. 15:00 Uhr Siegerehrung, alle voller Schlamm: erschöpft, aber glücklich
1.: Kim Schmitz (7c), 2.: Timo Müller (9a), 3.: Ayyub Idriss (8b)

Waldplatz Tage vorher von Müll gesäubert
Eltern bieten Snacks und heiße Getränke an

aufregendes und gefährliches Rennen mit sehr vielen Stürzen, aber zum Glück keine Verletzten

am Ende des Turniers gab es eine Siegerehrung
super Vorbereitung auf die Landesmeisterschaften im nächsten März

2 Notiere im Schreibplan die Informationen für die Einleitung.

Einleitung

Was geschah? ______________________

Wann geschah es? *Samstag, den* ______________________

Wo geschah es? ______________________

Wer war beteiligt? *die Zuschauer, die* ______________________

So berichtest du sachlich, genau und in der richtigen Reihenfolge.

1 Trage für den Schreibplan die folgende Übersicht in dein Heft ein.
Stelle darin in Stichworten die Informationen für den Hauptteil und den Schluss zusammen.

Hauptteil

Wie lief das Ereignis ab? ... ______

Schluss

Welche Folgen hatte das Ereignis? ... ______

2 Diese Einleitung ist nicht sachlich geschrieben und nicht genau genug.

a Wende die Weglassprobe an: Streiche überflüssige Stellen mit dem Lineal durch.

b Wende die Ergänzungsprobe an: Umkreise im Schreibplan von Seite 29 Informationen, die hier fehlen.

c Verfasse im Heft eine sachliche und genaue Einleitung.

VORSICHT FEHLER!

Am 17. November fand das ~~sehr hervorragende~~ „Mountainbike-CrossTurnier" auf dem extrem matschigen Waldplatz am herbstlichen Königswald statt. Viele neugierige Zuschauer/-innen waren anwesend, um die Fahrer/-innen der Schulmannschaft anzufeuern. Die Sportler/-innen zeigten Bestleistungen und fuhren ein unvergessliches Rennen.

Worterklärungen

- **anfeuern:** jemanden, z. B. Sportler/-innen, durch Zurufe antreiben – *ähnliche Wörter:* ermuntern, ermutigen, motivieren
- **unvergesslich:** etwas, das nicht vergessen wird (die Vorsilbe „un" verändert die Bedeutung eines Adjektivs)

3 Zeitangaben erklären den Lesern die richtige Reihenfolge: Im folgenden Auszug aus dem Hauptteil des Berichts fehlen sie. Wähle passende Zeitangaben aus und schreibe sie in die Lücken. Achte genau auf den Ablauf!

Nachdem ▪ Als Erstes ▪ Danach ▪ Kurz darauf ▪ Gleich zu Beginn ▪ Schließlich

______ hatten sich alle Teilnehmer-/innen bei der Ankunft auf dem Platz über ihre Startposition informiert. Das Rennen begann pünktlich um 12:00 Uhr. ______ die erste Fünfergruppe gestartet war, folgten im Abstand von 15 Minuten weitere vier Gruppen.

______ lockerten sich die Gruppen schnell auf und die Fahrer/-innen verteilten sich über ein langgezogenes Feld. Der Boden war sehr feucht und es gab viele Pfützen zwischen den Hügeln auf dem Crossgelände. ______ des Rennens ...

So berichtest du im richtigen Tempus.

1 Schriftliche Berichte werden meist im Präteritum (= Vergangenheitsform) geschrieben.

a Die meisten Verben haben die gleiche Präteritumform.
Man nennt sie regelmäßige Verben (auch: schwache Verben).
Schau dir das Beispiel mit den Personalformen für das Verb *sagen* an:

Infinitiv: sagen (Verbstamm: sag-, Endung *-en)*

ich sag**te**	wir sag**ten**
du sag**test**	ihr sag**tet**
er, sie es sag**te**	sie sag**ten**

Setze die folgenden Verben mit den angegebenen Personalformen ins Präteritum.

spie|len – *er spielte*	starten – *du*
brauchen – *sie*	dauern – *es*
regnen – *es*	danken – *ihr*
warten – *wir*	feiern – *sie*

b Einige Verben ändern den Vokal im Verbstamm, z. B.: *sehen* → *er sieht* (Präsens) → *er sah* (Präteritum).
Man nennt sie unregelmäßige Verben (auch: starke Verben). Eine Übersicht findest du vorn im Umschlag.
Setze die folgenden Verben mit den angegebenen Personalformen ins Präteritum.

fahr|en – *wir fuhren*	beginnen – *es*
springen – *er*	bleiben – *ihr*
fallen – *sie*	bitten – *ich*
gehen – *ich*	schreien – *er*
halten – *er*	gewinnen – *er*

2 Im folgenden Schluss des Berichts über das CrossTurnier müssen die Verben in die richtige Personalform und ins Präteritum gesetzt werden. Schreibe den Text ins Heft ab und verwende dabei die richtigen Verbformen.

Nach Abschluss des Rennens (warten) die Schülerinnen und Schüler zusammen mit Lehrern und Eltern auf die Auswertung. Gewertet (werden) die Fahrzeit und die Technik bei den gezeigten Figuren „Rampensprung", „Salto" und „Einradfahren". Den ersten Platz (gewinnen) Kim Schmitz aus der 7 c, Zweiter (ist) Timo Müller, Klasse 9 a, und als Dritter (steigen) Ayyub Idriss, Klasse 8 b, auf das Podest. Sie (wissen) nun, dass sie an den nächsten Landesmeisterschaften teilnehmen dürfen. Herr Pastors (gratulieren) als Schulleiter allen zu den guten Leistungen. Schließlich (eröffnen) der Trainer die Feier zur Siegerehrung. Alle (sein) sich einig, dass das CrossTurnier auch im nächsten Jahr wieder stattfinden würde.

3 Wenn in der Vergangenheit zwei Handlungen stattgefunden haben, verwendet man für die Handlung , die früher stattgefunden hat, das Plusquamperfekt.

a Unterstreiche im zweiten und dritten Satz, was zeitlich früher stattgefunden hatte.

Nachdem viele Hindernisse geschafft waren *(= früher)*, standen die beiden Gewinner schnell fest.

A Nachdem viele Rennfahrer gestürzt waren, gab es zum Glück keine Verletzten.

B Nachdem alle ausgiebig gefeiert hatten, beendete der Trainer das Sportereignis mit großem Beifall.

b Unterstreiche im zweiten und dritten Satz, was zeitlich früher stattgefunden hatte.

Bevor der gestürzte Fahrer wieder hochkam, hatte ihn sein Trainer beruhigt. *(= früher)*,

A Bevor Jan seine Notizen aufschrieb, hatte er das ganze Rennen genau beobachtet.

B Bevor der Schulleiter den Siegern gratulierte, hatte er alle Crossfahrer lautstark angefeuert.

c Prüfe in den Sätzen oben die Verknüpfungswörter: Sie geben einen Hinweis auf das Tempus. Trage ein:

Steht in einem Nebensatz ______________________ , dann steht dieser Nebensatz im Plusquamperfekt und der Hauptsatz im Präteritum.	Steht in einem Nebensatz ______________________ , dann steht dieser Nebensatz im Präteritum und der Hauptsatz im Plusquamperfekt.

d Schreibe die folgenden Sätze mit den Verben in der richtigen Zeitform ins Heft.

Nachdem er den Sturz ? , ? der Trainer zu dem Gestürzten. — beobachten • laufen

Bevor er vor Freude in die Luft ? , ? er alle Fahrer/-innen ? — springen • umarmen

Nachdem alle ausgiebig ? , ? der Trainer die Siegesfeier. — feiern • beenden

4 Schreibe einen vollständigen Bericht über das CrossTurnier in dein Heft.
Tipp: Überarbeite deinen Text am Schluss: Hast du Zeitwörter verwendet? Stimmt das Tempus?

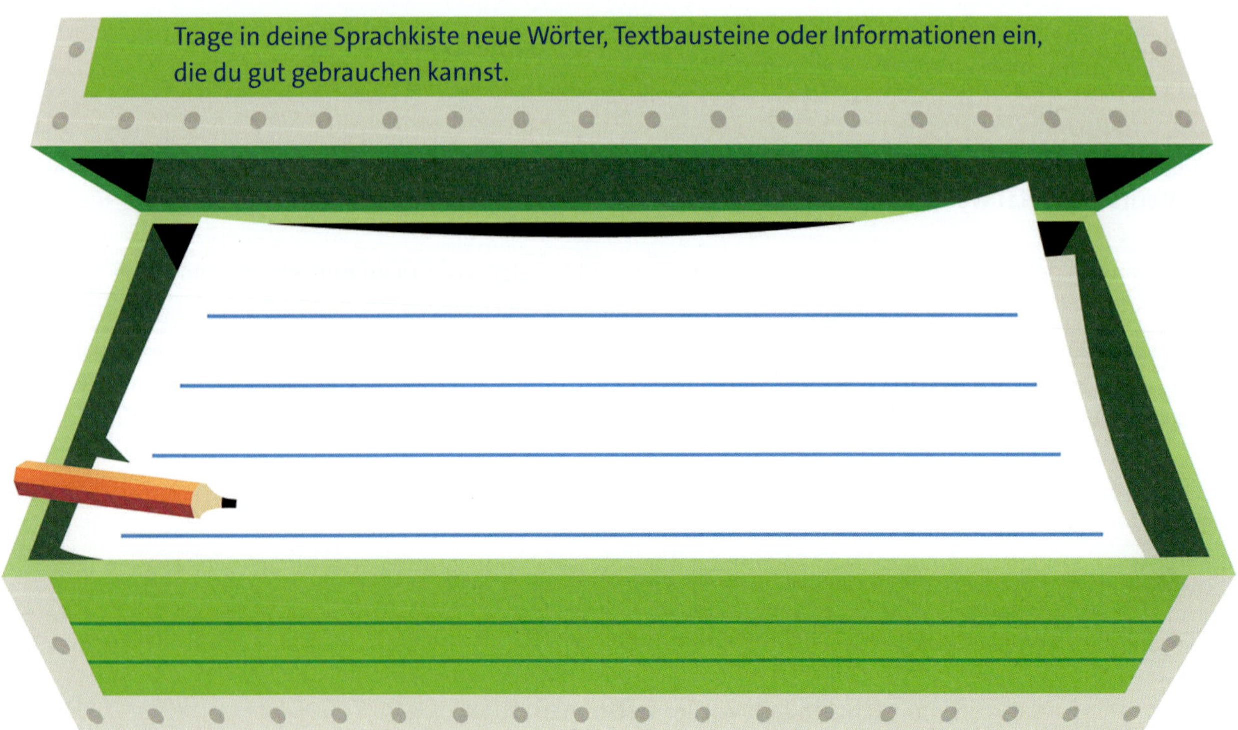

Genau beschreiben

So sammelst du Wörter für eine genaue Beschreibung.

1 Stell dir vor du möchtest deiner Familie beschreiben, wie der Zaubertrick funktioniert, den dein Mitschüler Pawel im Zirkusprojekt auf der Bühne vorgeführt hat.
Kläre als Erstes, ob du alle Fachwörter kennst, die du für die Beschreibung benötigst.
Schau dir das Bild genau an. Schreibe alle Gegenstände, die du kennst, in deinem Heft auf.

2 **a** Trage in jedes Kästchen im Bild oben die Nummer des richtigen Fachworts ein.
Tipp: Die Fachwörter findest du unten im Kasten „Worterklärungen".

b Vergleiche sie mit den Wörtern, die du bei Aufgabe 1 aufgeschrieben hast:
- Kanntest du alle Fachwörter? Super, weiter so.
- Sind die Fachwörter genauer als deine Wörter? Dann weißt du jetzt, welche Art von Wörtern du für eine Beschreibung sammeln musst.

Tipp: Du brauchst diese Fachwörter alle für die Vorgangsbeschreibung auf Seite 35.

Worterklärungen

1 **der Zauberstab, die Zauberstäbe:** vom Zauberer verwendeter Stab, dem Zauberkraft zugesprochen wird
2 **die Zauberkugel, die Zauberkugeln:** eine Glaskugel, der magische Kräfte zugesprochen werden
3 **die Bühne, die Bühnen:** gegenüber dem Zuschauerraum abgrenzender, höherer Bereich
4 **der Bühnenvorhang, die Bühnenvorhänge:** ein Vorhang, der die Bühne vom Publikumsbereich trennt
5 **der Zuschauer, die Zuschauer:** die Person, die vor der Bühne sitzt und die Vorführung beobachtet
6 **das Publikum, das Publikum:** die Gesamtheit der Zuschauer, die eine Vorführung sehen
7 **das Bühnenlicht, die Bühnenlichter:** die Lichter, die auf die Bühne gerichtet sind und sie beleuchten
8 **der Scheinwerfer, die Scheinwerfer:** eine Lampe mit starker Leuchtkraft
9 **der Zauberhut, die Zauberhüte:** der Hut, die Kopfbedeckung eines Zauberers
10 **der Umhang, die Umhänge:** ein Gewand, den der Zauberer sich um die Schultern hängt
11 **das Utensil, die Utensilien:** Gegenstände oder Dinge, die der Zauberer für seine Zaubertricks benötigt

Einen Vorgang beschreiben

In diesem Kapitel übst du, **einen Vorgang so anschaulich zu beschreiben,** dass jemand anderes ihn nachmachen kann. Das gelingt dir, wenn du
– den passenden Wortschatz sammelst,
– einzelne Teile und ihre Anwendung genau darstellst,
– die Informationen in sinnvoller Reihenfolge ordnest und
– im Präsens (in der Gegenwartsform) schreibst.

Das übst du hier

So sammelst du Informationen für eine Vorgangsbeschreibung.

1 Pawel führt beim Zirkusprojekt den „Bechertrick" vor. Der Zaubertrick braucht ein wenig Vorbereitung, aber er ist einfach vorzuführen. Probiere es aus! Die Bilder zeigen, welches Material du benötigst. Schreibe unter jedes Bild, wie der Gegenstand heißt.

A ____________

B ____________

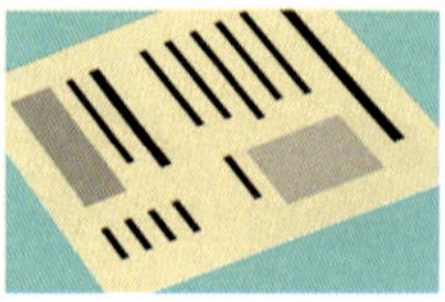

C ____________

D ____________

E ____________

2 Damit der Trick funktioniert, muss ein Plastikbecher mit doppeltem Boden hergestellt werden. Bringe die Bilder in die richtige Reihenfolge, indem du Nummern in die Kästchen schreibst.
Tipp: Die Beschreibung rechts hilft dir dabei. Die Schritte stehen in der richtigen Reihenfolge.

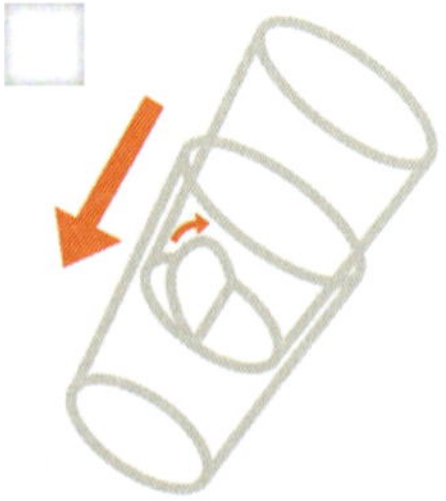

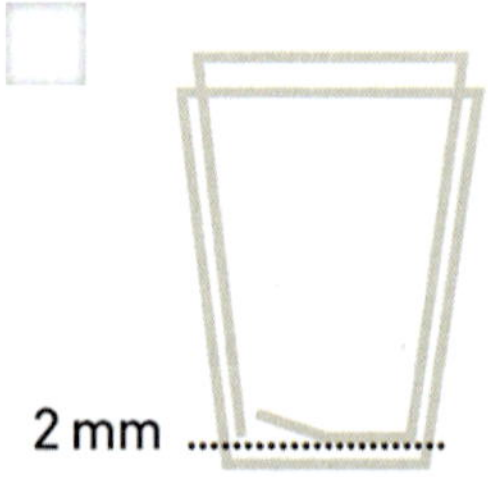

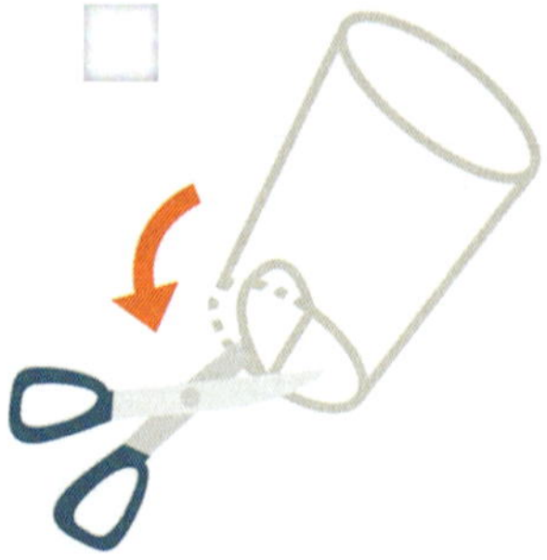

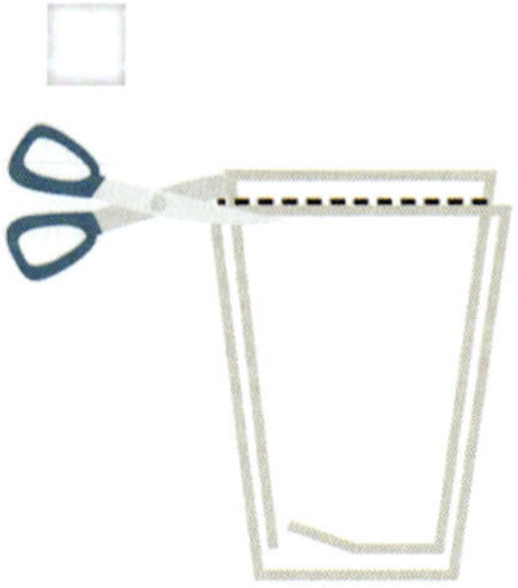

den Boden von Plastikbecher 1 mit der Schere vorsichtig etwas mehr als halb ausschneiden	**zuerst**
Plastikbecher 1 in Plastikbecher 2 schieben, unten etwas Platz lassen (max. 2 mm)	**danach**
den ausgeschnittenen Boden von Plastikbecher 1 (in Plastikbecher 2) vorsichtig etwas nach oben drücken	**anschließend**
den Rand von Plastikbecher 1 auf die Höhe des anderen Bechers sauber abschneiden, fertig	**zum Schluss**

Worterklärungen

- **der Plastikbecher, die Plastikbecher:** ein leichter, unzerbrechlicher Becher aus Kunststoff
- **sauber abschneiden:** genau abschneiden, ohne Ränder oder Zacken

So verwendest du Verben in einer Vorgangsbeschreibung richtig.

1 Je nach Verwendung kann ein Verb Unterschiedliches betonen. Es hebt hervor, ...

wer etwas macht, z. B.:	Pawel schneidet den Plastikbecher unten am Boden ein.
mit wem etwas gemacht wird, z. B.:	Der Plastikbecher wird unten am Boden eingeschnitten.

Willst du erklären, mit wem etwas geschieht oder was geschieht, dann verwendest du *werden* + ein Partizip.
Tipp: Partizipien findest du für die unregelmäßigen (starken) Verben in der Übersicht vorn im Umschlag in der rechten Spalte, z. B. *nehmen → genommen, schneiden → geschnitten.*

Verwende die Textbausteine von Aufgabe 2 auf Seite 34 und die Zeitwörter links neben den Bildern dort.
Beschreibe zusammenhängend, wie der Plastikbecher mit dem doppelten Boden hergestellt wird.
Betone, mit wem etwas gemacht wird oder was geschieht. Das Beispiel zeigt dir, wie.
Setze die Beschreibung fort.

Zuerst wird der Boden von Plastikbecher 1 mit der Schere halb ausgeschnitten.

2 Für den Zaubertrick wird aus der Zeitungsseite eine Tüte gedreht.
Schau dir die Bilder an und beschreibe diesen Vorgang, wie bei Aufgabe 1 gezeigt. Achte auf Zeitwörter.

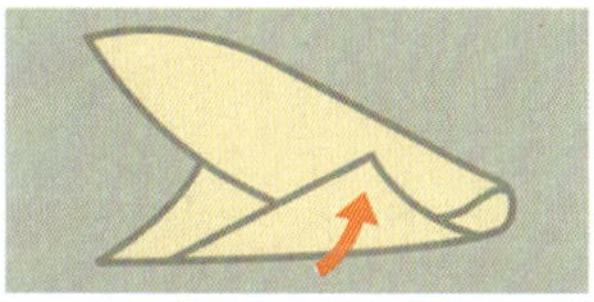

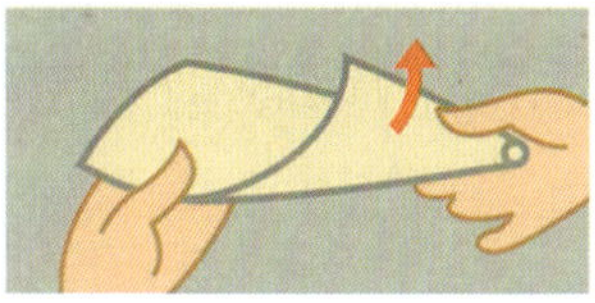

3 Eine Beschreibung steht im Präsens.
Falls du Zurückliegendes einfügen möchtest, kann du auch im Präteritum ausdrücken, mit wem etwas gemacht wurde. Das Partizip ist immer gleich, nur die Personalform von *werden* wird ins Präteritum gesetzt.
Formuliere den zweiten Satz im Präteritum, wie im Beispiel gezeigt.

aufgeführt werden	Der „Bechertrick“ wurde schon oft mit großem Erfolg aufgeführt.
gezeigt werden	Der „Bechertrick“ ? Pawel zuvor von seinem Vater ? .

So beschreibst du die Zaubervorführung im Präsens.

1 Wähle für jede Lücke in der Vorgangsbeschreibung ein passendes Verb aus.
Schreibe es im Präsens in die Lücke und achte auf die richtige Personalform.
Tipp: Achte darauf, ob der Satz hervorhebt, wer etwas macht oder mit wem etwas gemacht wird.

ziehen · staunen · nehmen · schieben (2 x) · erwarten · legen (2 x) ·
anwenden · zeigen (2 x) · drehen · sagen · holen · füllen · hochdrücken

So führst du den „Bechertrick“ auf

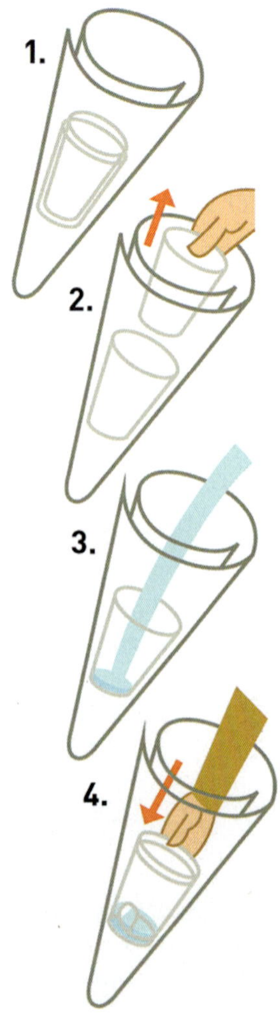

Zuerst ____________ du die ineinandergesteckten Plastikbecher, eine Zeitungsseite, eine Flasche mit etwas Wasser und ein Glas auf deinen Zaubertisch. Dann ____________ du die Zeitungsseite von beiden Seiten und ____________ eine Tüte daraus. Die Tüte ____________ im Anschluss zurück auf den Tisch ____________. Nun ____________ dem Publikum ____________, dass auch der Plastikbecher leer ist. Anschließend ____________ du ihn unten in die Papiertüte. Jetzt ____________ der wichtigste Trick ____________: Du ____________ das Glas und tust so, als ob du daraus Wasser in die Tüte gießen willst. Dann schlägst du dir mit der Hand vor den Kopf und ____________: „O je, fast hätte ich das falsch gemacht!“ Danach ____________ der innere Plastikbecher aus der Tüte ____________ und auf den Tisch gestellt. Aus der Flasche ____________ Wasser ins Glas ____________ und aus dem Glas dann in die Tüte gegossen. Jetzt musst du ganz verwirrt wirken: „Ach, du liebe Güte, was jetzt?“ Die Zuschauer ____________ jetzt, dass die Tüte aufweicht. Aber nein, das Wasser ist spurlos verschwunden! Ganz schnell ____________ du den aufgeschnittenen Plastikbecher nun tief zurück in den Becher in der Tüte. Das Wasser ____________ durch den aufgeschnittenen Boden ____________. Zieh den Becher mit dem Wasser aus der Tüte und gieß es ins Glas. Das Publikum ____________ nun: „Wo kommt das Wasser her? Es war doch nicht in der Tüte?“ Begeistert werden die Menschen klatschen.

Worterklärungen

- **spurlos:** ohne Spuren, man sieht nicht, dass etwas da war
- **Beifall klatschen:** die Hände mehrmals gegeneinanderschlagen, um Begeisterung auszudrücken

Gelerntes anwenden: Eine Person beschreiben

In diesem Kapitel übst du, **eine Person so genau zu beschreiben,** dass jemand anderes sie sich vorstellen kann.
Das gelingt dir, wenn du
- den passenden Wortschatz sammelst,
- einzelne Körpermerkmale und die Kleidung genau darstellst,
- eine bestimmte Reihenfolge einhältst, z. B. vom Kopf abwärts,
- im Präsens (in der Gegenwartsform) schreibst.

Das übst du hier

So sammelst du Informationen für eine Personenbeschreibung.

1 Selin hat Pawels Zaubervorführung gut gefallen. Ihrer Schwester Nikola beschreibt Selin Pawel ganz genau, damit Nikola ihn sich vorstellen kann.
Unterstütze Selin, indem du neben dem Bild von Pawel alle Merkmale notierst, die dir auffallen.
Tipp: Gehe von oben nach unten vor.

Aussehen

Kopf/Gesicht: ______________________

Haare: ______________________

Augen: ______________________

Nase: ______________________

Bart/Schnäuzer: ______________________

Mund/Lippen: ______________________

Kinn: ______________________

Figur/Körper: ______________________

Kleidung

Hut: ______________________

Oberkörper: ______________________

Unterkörper: ______________________

Füße: ______________________

Worterklärungen

- **der Höcker, die Höcker:** eine Erhebung, z. B. auf der Nase – Kamele haben zwei Höcker auf dem Rücken.
- **der Schnäuzer, die Schnäuzer:** ein feiner Bart auf der Oberlippe
- **die Krempe, die Krempen:** der Rand eines Hutes

So beschreibst du eine Person genau.

1 Adjektive helfen dir, genau zu beschreiben. Schau genau hin und finde ein passendes Wort.

a Ordne jedem der Bilder unten das passende Adjektiv zu. Ziehe Linien.

b Überprüfe deine Stichworte von Seite 37: Möchtest du etwas ergänzen?

kurzgeschnitten mittellang strubbelig lockig glatt dünn

rund oval eckig herzförmig rund kantig spitz vorstehend

schlank mollig sportlich/ kräftig zierlich bequem elegant auffällig

2 Adjektive beschreiben oft ein Nomen genauer. Bei einem Nomen können auch mehrere Adjektive stehen. Sie werden meist durch ein Komma getrennt.
Umkreise in den Sätzen Nomen und unterstreiche Adjektive, die sie genauer beschreiben.

Pawel hat ein schmales, ovales Gesicht.

Seine schmalen, roten Lippen sind geschlossen. Darüber hat er einen schwarzen, dünnen Schnurrbart aufgemalt.

In der Hand hält er einen spitzen, hohen, dunkelblauen Hut mit breiter Krempe und gelben Sternen darauf.

3 Achte beim Schreiben darauf, Nomen großzuschreiben. So kannst du sie erkennen:

→ Nomen haben einen **Artikel:**
Prüfe, ob du ihn **in Gedanken ergänzen** kannst.

Auffallend sind (die) Sterne und eine Schleife.

→ Gibt es ein Adjektiv oder mehrere Adjektive, fällt es manchmal schwerer, ein Nomen zu erkennen.
Adjektive kannst du **steigern:** groß → größer, gelb → gelber, schön → schöner. Probiere es in Gedanken aus.

Auffallend sind große, gelbe, schöne Sterne.

VORSICHT FEHLER!

Hier wurde die Großschreibung vergessen. Unterstreiche im Text fünf Nomen.

Pawel ist groß und ziemlich schlank. Die etwas längeren, hellbraunen locken sind strubbelig. Mit großen augen, die dunkel gefärbt und rund geformt sind, schaut er geradeaus. Pawels schmale nase ist auffallend lang und der trägt einen unauffälligen, kleinen höcker. Auffällig und lustig ist der aufgemalte, schwarze schnäuzer.

So beschreibst du eine Person abwechslungsreich.

1 Verwende für die Beschreibung abwechslungsreiche Verben, z. B.:

andere Verben statt „haben“: aufweisen, besitzen, verfügen über ..., zeigen, vorweisen

andere Verben statt „sein“: wirken, sich befinden, darstellen, sich zeigen

Verfasse eine zusammenhängende Personenbeschreibung von Pawel als Zauberer: Setze den Anfang fort und verwende höchstens dreimal „haben“ oder „sein“.
Tipp: Beschreibe im Präsens.

Der 14-jährige Pawel aus der Klasse 7c tritt in der Zirkusvorführung als Zauberer auf. Er wirkt recht groß und schlank.

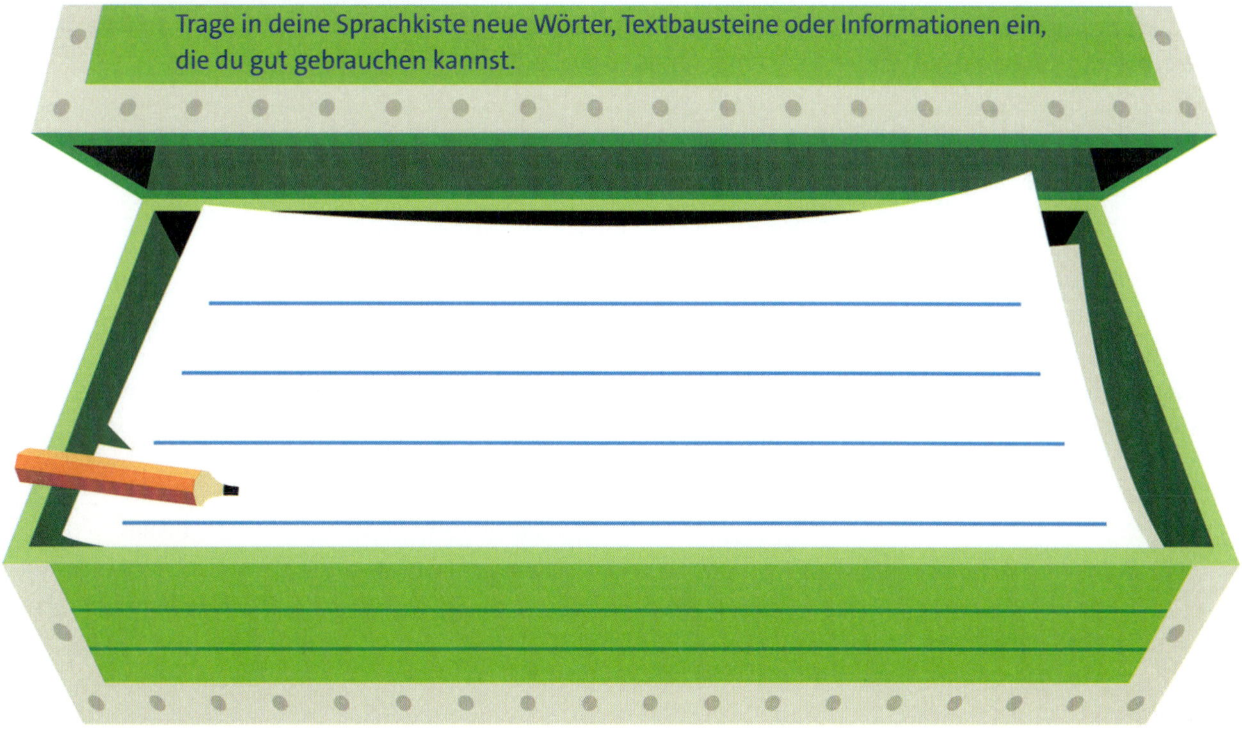

Argumentieren – Die eigene Meinung begründen

Das übst du hier

In diesem Kapitel übst du zu **argumentieren,** also Meinungen, Bitten oder Forderungen **überzeugend zu begründen,** indem du
- deine Meinung (deinen Standpunkt) deutlich formulierst,
- sie durch überzeugende Argumente untermauerst,
- die Argumente mit Beispielen oder Nachweisen stärkst.

Vorgestellt: Meinungsvielfalt

1 Stell dir vor, in deiner Schule findet ein Fußballturnier mit allen Schulmannschaften der Stadt statt. Viele Schüler/-innen wollen bei der Organisation helfen. Du nimmst am ersten Treffen teil: Ihr überlegt, wo die Fans der verschiedenen Mannschaften die Spiele ansehen können. Zuerst überlegt ihr, welche Situationen ihr von Fußballspielen kennt. Schau dir die Fotos an.

Notiere, wie die Fans auf den Fotos im Stadion untergebracht sind.

Auf den Fotos 1, 3 und 5 sieht man vorwiegend Trikots in einer Farbe. Hier sitzen immer nur Fans von einem Verein.

Auf Foto ______________________

____

2 Die Frage lautet also: „Wo sollen die Fans untergebracht werden?“ Dazu werden einige Meinungen laut. Lies sie und umkreise eine Meinung, die du gut findest.

A Wir müssen die Zuschauer/-innen unbedingt nach Schulen trennen.

B Lass die Zuschauer/-innen doch stehen oder sitzen, wo sie wollen!

C An einem Spielfeld dürfen immer nur Fans der gerade spielenden Schulmannschaften sein.

D Ich bin dafür, dass bei jedem Fanblock ein Lehrer oder eine Lehrerin dabei sein muss.

So begründest du eine Meinung mit Argumenten.

1 Ein Argument nennt einen Grund:
Es gibt an, warum jemand eine bestimmte Meinung (einen Standpunkt) vertritt.
Gib deine Meinung (deinen Standpunkt) zur Fanverteilung (S. 40) wieder und nenne ein Argument dafür. Setze den Satz fort.

Meine Meinung/Mein Standpunkt ist, dass ____________________

Dann entsteht eine bessere Stimmung beim Spiel, weil ____________________

____

2 Die Schülervertretung hat einen Offenen Brief auf der Schulwebseite veröffentlicht. Lies den Brief unten. Fasse kurz zusammen, welchen Standpunkt Schulleitung und Elternvertretung einnehmen.

Schulleitung und Elternvertretung haben folgenden Standpunkt: ____________________

____

Liebe Mitschülerinnen und Mitschüler,

ihr habt sicherlich mitbekommen, dass letzte Woche das Fußballteam unserer Schule gegen das Team der Nachbarschule angetreten ist. Leider haben sich Zuschauer beider Teams während des Spiels nicht sozial verhalten. Teils wurden Spieler des gegnerischen Teams lautstark ausgebuht und übel beschimpft. Nachdem unser Team verloren hatte, flogen sogar Getränkedosen auf das Spielfeld.
Nach diesen Vorfällen haben die Schulleitung und die Elternvertreter beschlossen, dass beim Fußballturnier in diesem Jahr niemand zuschauen darf. Nur die Mannschaften dürfen kommen.

Der Standpunkt der Schülervertreter ist, dass beim Fußballturnier auch weiterhin alle Fans willkommen sein müssen. Fans sind für eine Mannschaft sehr wichtig, weil sie die Spieler/-innen anfeuern. Beispielsweise hätte unsere Mannschaft das Turnier im letzten Jahr bestimmt nicht ohne die vielen Fans gewonnen, die am Spielfeldrand standen und die Mannschaft mit Trommeln, Fahnen und Zurufen unterstützten.
Wir finden natürlich auch, dass Fans, die sich gegenseitig beleidigen und beschimpfen, schlecht für ein Turnier sind, weil sie die Stimmung verderben. Man konnte zum Beispiel bei dem verdorbenen Spiel letzte Woche erleben, dass plötzlich nicht mehr das Spiel wichtig war, sondern nur noch das schlechte Verhalten der Fans.
[...]

3 **a** Unterstreiche im Offenen Brief den Standpunkt der Schülervertretung.
b Die Schülervertretung nennt zwei Argumente. Unterstreiche sie und gib sie mit eigenen Worten wieder.

Argument 1: *Fans* ____________________,

weil ____________________

Argument 2: *Fans* ____________________,

weil ____________________

So argumentierst du überzeugend.

1 Wenn man seine Meinung vertritt, will man meist ein bestimmtes Ziel erreichen:
- Man will jemanden unterstützen, wenn man dasselbe Ziel hat wie er.
- Man will jemanden überzeugen, in Zukunft ein anderes Ziel zu verfolgen.

a Kreuze an:

Die Schülervertretung hat

A ☐ **dasselbe Ziel** wie Schulleitung und Elternvertreter: **Sie ist dafür,** dass Fans ausgeschlossen werden.

B ☐ **ein anderes Ziel** als Schulleitung und Elternvertreter: **Sie ist dagegen,** dass Fans ausgeschlossen werden.

b Überlege und schreibe auf: Wie könnte die Schülervertretung ihr Ziel erreichen?

____

____

2 **a** Lies die Fortsetzung des Offenen Briefs.

b Es wird ein Standpunkt genannt und durch zwei Argumente unterstützt. Unterstreiche diese Bestandteile der Argumentation mit verschiedenen Farben.

Wir möchten die Schulleitung und die Elternvertreter davon überzeugen, dass Fairplay zur Lösung unseres Problems beitragen kann. Ein Fußballspiel wird nicht nur auf dem Spielfeld entschieden, sondern auch auf den Zuschauerrängen, weil zu einem guten Spiel auch eine gute Atmosphäre gehört. Es gab beim Turnier im Vorjahr sehr viele Spiele mit einer tollen Stimmung zwischen Mannschaften und Fanreihen, beispielsweise auch das gegen die Nachbarschule.

Wir schlagen vor, dass wir als SV klare Verhaltensregeln aufstellen, damit auch in diesem Jahr wieder alle Fans zum Turnier kommen dürfen. Regeln werden zur Verbesserung des Verhaltens führen, wenn jeder sofort gehen muss, der sich nicht daran hält. Dass Regeln funktionieren, zeigen beispielhaft die Bundesligaspiele – jedenfalls die meisten.

Wir bitten alle Klassen, in den nächsten Wochen in den Klassenratsstunden zu diskutieren, welche Regeln sinnvoll sind, und bis zum 05.03. Vorschläge bei uns einzureichen. Nur, wenn wir alle gemeinsam Verantwortung übernehmen, erreichen wir unser Ziel.

Eure SV

3 Beschreibe kurz, was die Schülervertretung tun will, um ihr Ziel zu erreichen.

______________________________,

4 Damit Argumente noch überzeugender wirken, kann man Beispiele ergänzen.
Tipp: Man erkennt sie an Signalwörtern wie *zum Beispiel, z. B., beispielsweise.*
Markiere in den Briefauszügen oben und auf Seite 41 zu jedem Argument das Beispiel.

So verknüpfst du Argumentationen sprachlich.

1 Als der Vorschlag der Schülervertretung in den Klassen diskutiert wird, werden unterschiedliche Meinungen vertreten. Verbinde jedes Argument so, dass sich eine passende Begründung ergibt. Ziehe Linien.

Argument		Begründung
Verhaltensregeln sind grundsätzlich sinnvoll,		sich sowieso niemand daran halten wird.
Natürlich müssen sich Zuschauer/-innen bei Sportereignissen fair verhalten,		ich sie so entmutigen kann und die eigene Mannschaft unterstütze.
Verhaltensregeln der SV sind vollkommen überflüssig,	weil da	dann jeder weiß, wie er sich benehmen muss.
Gut erzogene Schülerinnen und Schüler brauchen keine Verhaltensregeln,		der Sport im Mittelpunkt stehen sollte, nicht das Verhalten der Fans.
Ich schreie immer Parolen gegen die gegnerische Mannschaft,		sie selbst wissen, was gutes Benehmen bedeutet.

2 Manche nennen Argumente für (pro) die Verhaltensregeln der SV und manche dagegen (kontra). Schreibe die Argumente von Aufgabe 1 in der Übersicht passend auf. Formuliere ganze Sätze, umkreise in jedem Satz das Verknüpfungswort (die Konjunktion) und prüfe, ob du vor die Konjunktion ein Komma gesetzt hast.

Standpunkt für (pro) die Einführung von Regeln

____

____

____

____

____

____

Standpunkt gegen (kontra) die Einführung von Regeln

____

____

____

____

____

____

Wende Gelerntes an: Schreibe einen Kommentar.

1 Die Schülervertretung hat ihr Ziel erreicht: Auch Fans dürfen das nächste Turnier besuchen. Auf der Schulwebseite werden Informationen zum Ablauf des Turniers veröffentlicht. Schnell gibt es erste Kommentare dazu. Lies die Texte auf der Webseite.

Fußball-Schulmannschaften: Stadtmeisterschaft Schönhausen

Auch in diesem Jahr lädt die Sportabteilung der Helene-Stöcker-Gesamtschule wieder alle Fußball-Schulmannschaften von Schönhausen zu einem **Schulturnier** kurz vor den Sommerferien ein. Die beste möge gewinnen! Es gibt wieder **viele tolle Preise** von unseren Sponsoren.

Wann: 22. + 23. Juli 20xx
Wo: Sportanlage der Helene-Stöcker-Gesamtschule, Schönhausen-West
Anmeldung: ...
Anmeldeschluss: 31.05.20xx

Unser Motto in diesem Jahr: „Fairplay" – auf dem Spielfeld und im Zuschauerraum 

Verboten 

Erwünscht 

Regelungen für mitreisende Fans

- Die Fans der beiden spielenden Mannschaften werden in diesem Jahr getrennt.
- Für jedes Spielfeld wird angezeigt, auf welcher Seite sich welche Gruppe aufhalten darf.
- An diese Regelung müssen sich alle halten.
- Wer Krawall macht, muss sofort gehen.

BigMack 24.04. 18:36

Getrennte Fankurve als Unterstützung für Fairplay: Brauchen wir das wirklich?
Herzlichen Dank an unsere SV, dass wir nun doch wieder Zuschauerinnen und Zuschauer bei der Stadtmeisterschaft haben dürfen! Das habt ihr gut gemacht. Aber sollten die Fans der Mannschaften wirklich getrennt am Spielfeldrand stehen? Ich bin absolut dagegen! Ich habe viele Freunde/Freundinnen auch in den anderen Schulen, weil wir in demselben Sportverein sind. Sport verbindet doch die Menschen in besonderer Weise, weil alle nur Spaß haben wollen. Als z. B. neulich der TuS-Schönhausen sein Frühlingsfest gefeiert hat, war es vollkommen friedlich, obwohl so viele unterschiedliche Fans mit dabei waren: von allen Schulen, von anderen Vereinen. Das war ein tolles Sportfest! Alle hatten gute Laune.
Ich appelliere an die Organisatoren: Lasst uns alle zusammen zuschauen. Sport soll Menschen vereinen, nicht trennen!

Kommentar

1 iyigünler 25.04. 06:03

Ich stimme dir zu: Es ist gut, dass die Sportler/-innen auf den Plätzen auch Fans dabeihaben dürfen, die sie anfeuern können. Aber ich war neulich bei dem Spiel gegen die Nachbarschule dabei, und zwar als Spieler auf dem Platz. Wir wurden mit Dosen beworfen und übel beschimpft. Die Stimmung kochte auch deshalb so hoch, weil überall Fans von beiden Mannschaften zugelassen waren. Die haben sich dann gegenseitig beschimpft und zuletzt die Spieler angegriffen, weil der Streit nicht mehr zu schlichten war.
Darum unterstütze ich das Organisationsteam: Haltet gegnerische Fans von Anfang an getrennt, weil es dann weniger Ärger gibt.

2 Finde heraus, welche Ziele die Kommentare auf der Schulwebseite verfolgen.

a Lies beide Kommentare und unterstreiche darin die Meinung (den Standpunkt), Argument(e) und Beispiel(e) mit unterschiedlichen Farben .

b Gib beide Kommentare mit eigenen Worten wieder.

BigMack ist der Meinung, dass ______________________

____

Er/Sie begründet das so: ______________________

____

Er/Sie gibt auch ein Beispiel dafür: ______________________

____

iyigünler ist der Meinung, dass ______________________

____

Er/Sie begründet das so: ______________________

____

____

Er/Sie gibt auch ein Beispiel dafür: ______________________

____

3 In einem Kommentar nimmt man persönlich Stellung zu einer Frage. Schreibe selbst einen Kommentar. Formuliere in der Einleitung deine Meinung (deinen Standpunkt). Nutze die Formulierungen im Kasten.
Tipp: Die eigene Meinung wird in der Ich-Form geäußert.

Ich bin der Meinung, dass ... • Ich finde, dass ... • Ich bin gegen ... • Ich befürworte, dass ... • Mein Standpunkt ist, dass ... • Ich bin absolut dagegen, dass ... • Meiner Meinung nach ...

Einleitung

____

____

____

____

____

4 Nenne im Hauptteil zwei überzeugende Argumente, die deine Meinung (deinen Standpunkt) unterstützen. Trage sie in die Schreibflächen ein.
Tipp: Nutze die Formulierungen im Kasten.

... hätte den Vorteil / Nachteil, dass ..., weil / da ... • Dafür / Dagegen spricht ..., weil / da ...
Ein wichtiges Argument für /gegen ... ist, dass ..., weil / da ... • ... ist zu befürworten, weil / da ...
Außerdem sollte man bedenken, dass ..., weil / da ... • Man sollte auch berücksichtigen, dass ..., weil / da ...

Hauptteil

Argument 1

weil / da

Argument 2

weil / da

5 Ein Argument wirkt überzeugender, wenn man es durch ein Beispiel anschaulicher macht. Notiere für jedes der beiden Argumente von Aufgabe 4 ein passendes Beispiel.

Zum Beispiel ... • Beispielsweise ... • Ich selbst habe die Erfahrung gemacht ... • So ...

6 Am Schluss kannst du zusammenfassen, was du dir wünschst, oder du machst einen Vorschlag.

Schluss

Ich hoffe, dass ... • Am wichtigsten ist doch, dass ... • Zusammenfassend möchte ich hervorheben, ...

So überarbeitest du deinen Kommentar.

1 Schreibe mit Hilfe deiner Ergebnisse von den Aufgaben 3 bis 6 (s. S. 45–46) einen zusammenhängenden Kommentar in dein Heft, der deine persönliche Meinung zu folgender Frage wiedergibt:

Sollen die Fans bei einem Schulturnier nach Mannschaften getrennt werden?

Tipp: Formuliere einen Kommentar im Internet immer sachlich und höflich. Verbinde deine Argumente durch Verknüpfungswörter wie z. B. *außerdem, weiterhin, deshalb, deswegen, trotzdem* oder *allerdings.*

2 Wenn du einen Hauptsatz und einen Nebensatz mit der Konjunktion *weil* oder *da* verknüpfst, muss vor der Konjunktion ein Komma stehen.
Tipp: Im Nebensatz steht die Personalform des Verbs am Schluss. Schau dir das Beispiel an.

Alle Fans **sollten** ihre Mannschaften zusammen anfeuern, weil die Stimmung im Stadion dann besser **ist.**

——— Hauptsatz ———, (Konjunktion) ——— Nebensatz ———

In den folgenden Sätzen fehlt das Komma und die Personalform des Verbs steht im Nebensatz falsch. Überarbeite die Sätze und schreibe die Verbesserung ins Heft.

A Man sollte die Fans durch einen Ordnungsdienst überwachen weil dann kann man Krawall sofort stoppen.

B Es ist egal, ob die Fans getrennt werden oder nicht weil die machen sowieso, was sie wollen.

C Man sollte sich nicht immer über alles so aufregen weil das ist ganz schlecht für die Nerven.

3 Überarbeite deinen Kommentar: Prüfe die Zeichensetzung und die Verbstellung, vor allem in den Nebensätzen. Falls du Fehler findest, verbessere sie.

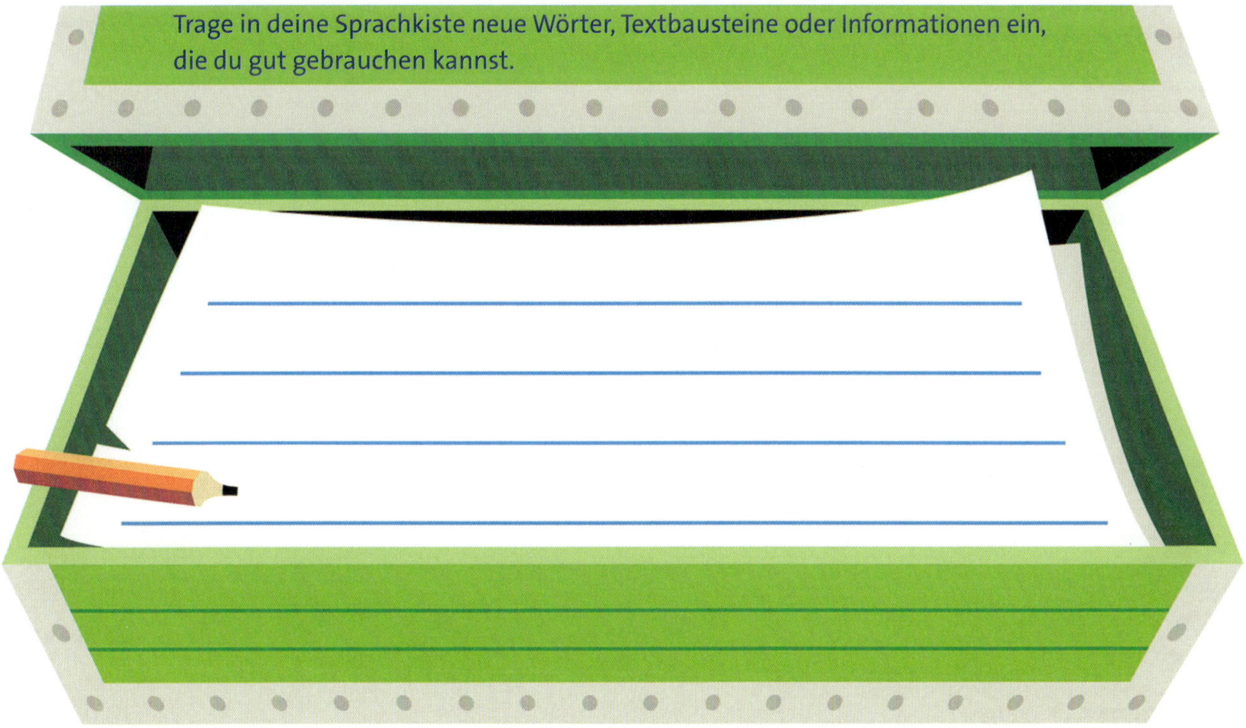

Bildquellenverzeichnis

S. 5: Fotolia/© Petair – **S. 9:** Fotolia/© Barselona Dreams – **S. 11** (Charlotte): Fotolia/© anzebizjan – (Jakob): Fotolia/© Henry Schmitt – (Hasan): Fotolia/© Kzenon – **S. 29:** Fotolia/© Yuri Timofeyev, www.ytpage.com – **S. 30:** Fotolia/© equinoxnet – **S. 31:** Fotolia/© kuznetsov_konsta – **S. 40** (Ordner in Warnwesten vor Flagge): imago sportfotodienst – (jubelndes Publikum): Fotolia/© Gennadiy Poznyakov – (Fanblock rot-weiß): picture alliance / Eibner-Pressefoto – (Leuchtrakete): picture alliance/CITYPRESS 24 – (Ordnerreihe zwischen Fanblöcken): action press/ AGENCIA DIAS DA SILVA – **S. 42:** Fotolia/© contrastwerkstatt – **S. 43:** © picture-alliance/ dpa/dpaweb – **S. 44:** Fotolia/© farbkombinat – **S. 46:** Fotolia/© Photocatcher

Impressum

Redaktion: lüra – Klemt & Mues GbR, Wuppertal

Illustrationen: Nils Fliegner, Hamburg; Illustration Klebebogen: Jutta Melsheimer, Berlin

Umschlaggestaltung und Layoutkonzept: werkstatt für gebrauchsgrafik, Berlin

Technische Umsetzung: zweiband.media, Berlin

www.cornelsen.de

Alle Drucke dieser Auflage sind inhaltlich unverändert
und können im Unterricht nebeneinander verwendet werden.

1. Auflage, 1. Druck 2017

Druck: AZ Druck und Datentechnik GmbH, Kempten

ISBN: 978-3-06-060971-0

PEFC/04-31-2260

PEFC zertifiziert
Dieses Produkt stammt aus nachhaltig bewirtschafteten Wäldern und kontrollierten Quellen.

www.pefc.de